Selbstzeugnisse

Fröhliche Wissenschaft 167

Kasimir Malewitsch

# Selbstzeugnisse

Aus dem Russischen übersetzt,
herausgegeben und mit einem Nachwort
versehen von Walter Koschmal

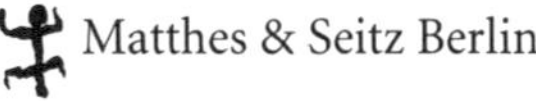
Matthes & Seitz Berlin

# Inhalt

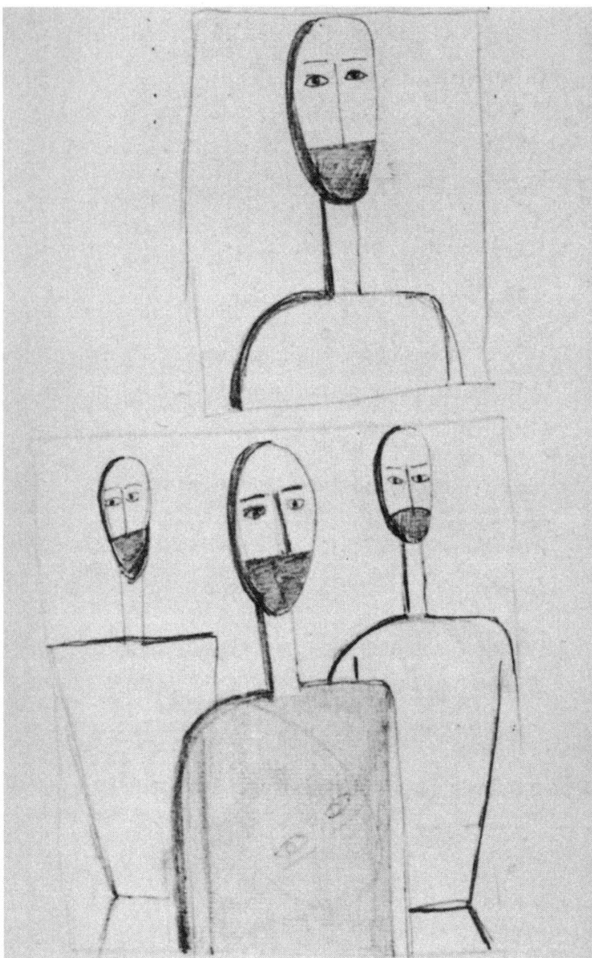

## K. S. Malewitsch. Kapitel aus der Autobiografie des Künstlers

### Autobiografische Aufzeichnung des Jahres 1918

Mein Vater zeichnete gerne einen Ziegenbock und Köpfe, wie sie auf Medaillons zu finden sind, aber er zeichnete sie nur von rechts nach links (im Profil), und man muss schon sagen, der Ziegenbock und die Köpfe gelangen ihm … Am Anfang war er wegen seiner Überlegenheit zufrieden. Aber bald gelang es mir, ihn zu besiegen, weil ich das Profil in beide Richtungen zeichnete, was ihm nicht gelang. So wurde auch der Ziegenbock besiegt. Denn ich zeichnete einen Ziegenbock im Kampf mit einem Hund, was dem Vater auch nicht gelang. Mein Vater war begeistert, solange meine Arbeiten einen scherzhaften Charakter hatten. Aber die Begeisterung war vorbei, als ich begann, in die Wälder zu laufen und tagelang zeichnete, doch aus der Schule öfter Schläge mitbrachte, besonders wegen der Arithmetik, mit der ich überhaupt nicht zurechtkam.

## Autobiografische Bemerkungen (1923–1925)

[Dieser frühe autobiografische Text behandelt auch Themen aus den im Weiteren noch folgenden umfangreicheren Aufzeichnungen aus dem Jahr 1933. Doch die Art und Weise, wie der Autor diese Themen erzählt, weicht oft von der späteren Fassung ab. *WK*]

Bevor ich die Bildende Kunst im Allgemeinen untersuche, muss ich mich erst selbst analysieren, als Maler, der die Natur einmal so dargestellt hat, wie sie meinem Auge erschienen ist, und welche Gefühle und Bedürfnisse mich dazu veranlassten.

Von frühester Kindheit an, soweit ich mich erinnern kann; und ich erinnere mich bis heute gut, welche Formen und Zustände der Natur mich am meisten fesselten und zu einer bestimmten Reaktion auf diese Zustände anregten.

Ich erinnere mich gut und werde nie vergessen, dass mich in erster Linie immer Farbschattierungen und Farbe, dann Stürme, Gewitter, Blitze und auch die völlige Ruhe nach dem Gewitter faszinierten; Nacht und Tag, dieser Wechsel bewegte mich immer sehr. Und ich erinnere mich auch, wie schwierig es war, mich zu Bett zu bringen oder mich aus der Begeisterung des Beobachtens zu reißen, oder, eher einfach, von der Beobachtung der funkelnden Sterne loszureißen, des wie ein Rabe dunklen Himmelsraums.

Und wenn ich mich fügen musste, zog ich vom Bett aus, das neben dem Fenster stand, den Vorhang auf und schaute weiterhin in den Raum. Ich liebte auch die Strahlen des Monds im Zimmer mit den gespiegelten Fenstern auf dem Boden, dem Bett, den Wänden; so sind viele Jahre vergangen, doch diese Erscheinungen haben sich bis auf den heutigen Tag eingeprägt. Allerdings liebte es in unserer Familie nicht nur ich, dem Gewitter zu lauschen und die farblichen Veränderungen der Natur genau zu verfolgen. Das mochte auch mein Vater gerne, aber er konnte es nicht aufs Papier übertragen, er konnte es auch nicht zeichnen. Er konnte nur einen unglaublich kämpferischen Ziegenbock und einen Medaillonkopf zeichnen, und das nur nach links.

Man kann sagen, das sind sämtliche Umstände, die mich beeinflussten, und unter denen ich im Süden der Ukraine lebte … Aber vielleicht ist das zu wenig, vielleicht muss man auch auf den Alltag selbst hinweisen und auf jene Bedingungen, unter denen mein Vater lebte.

Zu Hause, in unserem Alltag verlief das Leben so gewöhnlich, wie es für alle Zuckerfabrikarbeiter jener Zeit um 1880 war: Es gab keinerlei Gespräche über Kunst, und ich erfuhr erst spät, dass es das Wort »Kunst« gibt und dass es Künstler gibt, die sonst nichts taten als nur das zu zeichnen, was ihnen gefiel.

Das häusliche Leben erstreckte sich auf das Wirtschaften der Mutter, der Tag des Vaters verging ganz bei der Arbeit in der Zuckerfabrik. Die Einrichtung des Hauses war auch einfach, es gab Ikonen, die da eher aus Gründen der Tradition hingen, für die Gesellschaft, als aus einem religiösen Gefühl heraus; weder Vater noch Mutter haben sich darin hervorgetan, denn sie versuchten unter unterschiedlichen Vorwänden, die Kirche zu meiden. Mein Vater amüsierte sich manchmal sehr gerne ein wenig, er lud dann den katholischen Pfarrer und den orthodoxen Popen ein, die davon überrascht waren. Wenn ich das häusliche Leben hier kurz erwähne, will ich dabei hervorheben, was mich beeinflusst haben könnte, um eben dadurch für mich eine Leitlinie zu entdecken: Zum Beispiel gab es schöne Ikonen, die mich in erster Linie beeinflussen mussten, weil das eine farbige Darstellung von Menschen war, doch stellte sich heraus, dass all das auf einer anderen Beziehung zu ihnen beruhte, sodass es mir nicht einmal in den Sinn kam, in den Ikonendarstellungen gewöhnliche Gesichter von Menschen zu sehen und dass die Farbe das Mittel sei, mit dem diese dargestellt würden. Ich ging mit meinem Vater auch in die Fabrik, sah in dieser Zeit Maschinen, ich sah Zentrifugen, die sich schnell drehten, in denen der Zuckerstaub weiß glänzte. Ich stand bei einem erstaunlich riesigen Apparat, an dem mein Vater das Aufkochen der Melasse und die Kristallisation des Zuckers kontrollierte. Aber dieser Umstand regte mich wirklich überhaupt nicht dazu an, das darzustellen, doch gab es einen anderen Eindruck, eher musikalischer Natur – ein Geräusch, ein Pfeifen, das Stöhnen der Maschinen, ihr besonderer weicher Rhythmus, all das freute mich sehr.

Immer noch verblüffte mich aber die Natur, sie verblüffte auch den Vater am meisten, und auch er liebte – ebenso wie ich – den Wechsel in der Natur. Doch beide schwiegen wir, weil wir einander nichts sagen konnten außer »gut«, doch was hieß »gut«, und warum »gut«, darüber fiel kein Wort, und das Wort versuche ich nach genau 40 Jahren herauszufinden, und ich weiß nicht, ob ich mir jetzt darüber klarwerden kann.

Ich erinnere mich noch an einen Platzregen, der vor dem Sonnenuntergang niederging; es gab riesige Pfützen auf der Straße, durch die eine Kuhherde durchzog. Ich stand wie versteinert und schaute, wie Wolkenfetzen über die Sonnenscheibe zogen, und wie diese ihre Strahlen durch die Lücken der zerrissenen Wolken in dieser ruhigen Pfütze spiegelte, und manchmal schlug das durch die vorüberziehenden Kühe aufgewühlte Wasser Wellen und zur selben Zeit spiegelten sich darin die Kühe selbst.

Ich erinnere mich an die Fahrt im März mit dem Vater zur Bahnstation. Auf den Feldern lag noch Schnee, doch am Horizont hing eine riesige Wolke mit einem bleiern-blauen Schimmern nach unten, ich erinnere mich an einen See an einem hellen Tag, in dessen Kräuseln sich die Sonne spiegelte, wie Sterne bewegte sich das unaufhörlich. All das hatte eine starke Wirkung, aber, ich wiederhole, nur eine Wirkung; ich konnte diese durch mein »gut« verblüffenden Erscheinungen nur in meinem visuellen Gedächtnis bewahren. Alle diese Bilder schichteten sich durch das Nervensystem irgendwo im Koffer auf, wie Negative, die man entwickeln muss, aber davon war auch nicht die Rede, vorerst entstand nichts in mir, und auch von außen kamen keine Ratschläge, weil niemand wusste, was mit mir passiert, was ich denke und durchlebe, wenn ich überhaupt etwas durchlebte. Und wem wäre es in den Sinn gekommen, aus mir irgend so einen Künstler zu machen, war doch für den Vater klar, dass ich Zucker kochen oder mir einen einfacheren Beruf aussuchen sollte, da er meinte, die ständige Arbeit mit Nachtschicht, zwölf Stunden am Stück, sei zu schwer. Ich liebte es, umherzustreifen, in die Wälder und auf die hohen Hügel zu gehen und zu laufen, von dort aus war ringsum Horizont zu sehen; das ist mir bis heute geblieben. So kann man also daraus den Schluss ziehen, dass die gesamte menschliche Kultur keinerlei Einfluss auf mich hatte, nur die Schöpfungen der Natur, auch wenn mir der Vater oft sagte, dass man dank der eigenen Kultur solche Maschinen bauen werde, die den Menschen von der Arbeit ganz und gar befreien würden, und er erinnerte sich immer an die erste Zuckerfabrik, in der man die Rüben noch mit den Händen zerkleinerte, während sie jetzt Maschinen zerschneiden, doch er sagte, dass das nicht bald eintreten werde. Doch seine Überlegungen sagten mir dennoch nichts und brachten mich nicht dazu, meine Aufmerksamkeit auf diese Maschine zu lenken, oder weckten nicht den Wunsch, neue Maschinen auszudenken oder sie zu erfinden. Aber der Vater war nicht frei von diesem Interesse, sich das auszudenken. Ich erinnere mich, dass er etwas vielfach berechnen musste, und er dachte an etwas wie eine Rechenmaschine.

So verging die Zeit, und langsam spürte ich ein Bedürfnis, die Negative zu entwickeln. Ich muss sagen, dass ich in der frühesten Kindheit überhaupt nicht gezeichnet habe, weder mit vier noch mit sechs Jahren, wie das alle Kinder gewöhnlich tun. Irgendwie kam mir das nicht in den Sinn, dass Bleistift, Kohle, Papier jene technischen Mittel sind, mit deren Hilfe man Negative und Eindrücke aufdecken konnte. Und in der Familie sagte mir das auch niemand. Und ich selbst war wohl zu abgestumpft, als dass ich selbst so weit gedacht hätte. Ich hatte mehr Interesse daran zu sehen, wie sich Störche und Habichte in die Höhe schwangen, Habichte faszinierten mich sehr, und diese Leidenschaft kostete viele Küken, von denen wir sehr viele hatten, das Leben. Ich ließ sie regelmäßig über das Dach der strohgedeckten Viehställe laufen oder band sie dort fest und wartete, bis der Habicht im Sturzflug aus der Höhe auf das Dach herabfiel. Aber da hielt ich schon einen Bogen mit Pfeil bereit, in dem eine Nadel steckte, oftmals sollte ich das Küken retten. Natürlich war das ein Geheimnis, brüsten konnte ich mich damit vor niemandem. Dafür reichte es bei mir gerade noch. Damals war ich gerade erst sieben Jahre alt.

So blieb alles beim Alten. Das Bedürfnis, die Negative zu entwickeln, wuchs, aber Mittel dafür gab es nicht und im engeren (heimischen) Umfeld wusste davon keiner meiner Altersgenossen. Aber da fährt mein Vater nach Kiew, und er fuhr immer gerne mit mir, weil ich seinen verschiedenen Erzählungen zuhörte, und das spielte eine große Rolle in meinem Leben. Er nahm mich mit nach Kiew. Ich schaute mir zunächst die hohen Stellen über dem Dnjepr an. Dann begann ich, die Geschäfte genau zu betrachten, und in den Fenstern erblickte ich eine Leinwand, auf der die Darstellung eines Mädchens sehr geschmackvoll gemalt war, sie saß auf einer Bank und schälte Kartoffeln, Kartoffeln und Schalen waren verblüffend lebendig, auf mich und mein Gedächtnis machte das einen derart unauslöschlichen Eindruck, als wäre das direkt aus der Natur.

Im Wesentlichen war das auch die Darstellung einer menschlichen Figur, wie auf den Ikonen, aber die Erstere weckte, warum auch immer, meine allerstärkste Aufmerksamkeit und rief eine ungewöhnliche Erregung hervor, Letztere riefen aber nichts hervor, und dieses »warum« wurde mir später klar, weil es nichts dergleichen in der sich bewegenden Natur gab, mit der ich organisch verbunden war, und vielleicht bewirkten die Ikonen der klassischen Meister dasselbe, denn ich verstand diese Kunst, was sie ist und worin sie besteht, noch nicht. Schon daran sieht man, dass das mit den Kartoffeln und den Töpfen dargestellte Mädchen so wirklichkeitsnah war, dass sie mir von derselben Natur erschien, ich sah ihr Duplikat und fühlte, dass es von der Hand eines Menschen wiedergegeben war, doch in dieser Zeit konnte ich noch nicht so weit denken, diesen Menschen zu suchen, um bei ihm zu lernen, wie man etwas so wiedergibt, und ich konnte mich an niemanden wenden. Ich dachte nicht einmal daran, dass ich Farben aus Kiew hätte mitnehmen können, nicht einmal dem Vater sagte ich etwas, fuhr einfach wieder weg, wuchs weiter heran und begeisterte mich weiterhin bis zum elften Lebensjahr für die lebendige Natur, und ich dachte gar nicht daran, dass es solche Farben gibt, mit denen man die Natur wiedergeben könnte. Das kam auch daher, dass ich tatsächlich in einer derart abgelegenen Gegend aufwuchs, wo man nichts mit Farbe anmalte, und sowieso waren mir alle Mittel entwischt. Aber es kam der Tag, ein ebenso erschütternder wie der, an dem ich das Mädchen bei den Kartoffeln erblickt hatte – ich richtete meine Aufmerksamkeit aus irgendeinem Grund auf den Anstreicher, der das Dach strich, das grün wurde, wie die Bäume und wie der Himmel. Das brachte mich auf den Gedanken, dass man mit dieser Farbe einen Baum und den Himmel wiedergeben kann. Während der Mittagspause stahl ich mich aufs Dach und begann zu malen – einen Baum wiederzugeben, aber dabei kam nichts heraus. Aber das ärgerte mich nicht, denn ich war allein durch das Anstreichen zufrieden. Ich hatte bereits durch die Farbe und den Pinsel eine sehr angenehme Empfindung.

Aber auch in diesem Fall fragte ich den Maler als den eigentlichen Fachmann nichts. Als ich wegging, war ich ganz Pinsel und Farbe geworden. Für mich war das eine richtige Aufladung, für den Anstreicher aber ein Verlust, weshalb er auch den ungebetenen Handwerksgesellen suchte, um ihm die Ohren langzuziehen. Nach einiger Zeit begann ich, auf dem Papier mit Tinte einen Berg zu malen, aber alle Formen verschwammen; heraus kam dabei ein Klecks, der nichts darstellte, man konnte sich diese Sackgasse gar nicht vorstellen, und zugleich leuchteten die Negative in meinem Gehirn, hell schienen die Sonnenstrahlen in der Pfütze, die beleuchteten Bäume, die Kühe gingen wie lebendig, gerade sie bewegten sich in meinem Negativ, sie waren nicht erstarrt wie im Kaleidoskop, und tatsächlich, als ich mich dann daranmachte, das wiederzugeben, ich das auf dem Papier sehen wollte – kam dabei eine unvorstellbare Kleckserei heraus. Da hörte ich auf herumzustreifen und verbrachte jeden Tag immer mehr Zeit mit Bleistiftzeichnen; dennoch regte mich der Bleistift furchtbar auf, und letztendlich legte ich ihn weg und griff zum Pinsel. Freilich hatte ich diese Pinsel in der Apotheke geholt, mit ihnen wurde an Diphtherie erkrankten Kindern der Hals eingepinselt. Ich fand aber, dass man mit diesem Pinsel besser streichen konnte als mit dem Bleistift, er bedeckte mehr Fläche. Ich saß aus irgendeinem Grund zu Hause und konnte mir nicht vorstellen, dass man in die Natur hinausgehen, schauen und malen solle. Dieser Gedanke kam nicht auf, so wie er bei kleinen Kindern nicht aufkommt. Sie malen nach dem Gedächtnis und stellen nur das dar, was im Gedächtnis geblieben ist, aber ich war schon nicht mehr klein und dennoch handelte ich wie ein kleines Kind. Was wollte ich? Das war für mich vollkommen klar. Ich wollte das malen, was ich sah – wie Kühe nach einem Platzregen durch Pfützen gehen, und wie sie sich im Wasser spiegeln. Oh, wie gut das war, und wie schlecht es auf dem Papier herauskam. Du erkennst nicht einmal die Kühe.

So wurde ich zwölf, dreizehn, fünfzehn Jahre alt, auch damals verstand ich nichts, obwohl ich bereits von einem großen Glück erfüllt war. Meine Mutter hatte mir alle Farben vollständig gekauft. Diesen großartigen Tag werde ich niemals vergessen. Das war in Kiew, als ich zum ersten Mal die Schwelle jenes Geschäfts überschritt, in dem es viele Bilder gab, die mich in Aufregung versetzten. Weder meine Mutter noch ich hatten irgendeine Ahnung, was wir kaufen sollten, doch der Verkäufer, der unsere Verlegenheit sah, eilte uns zu Hilfe; er bot uns einen Studierkasten an, an den nicht einmal Künstler zu denken wagten, mit einem vollständigen Satz von Farben, mit allen »Körperfarben«, insgesamt 54 Farben, so wie das ein gewisser Professor vorgab. Den ganzen Weg über freute ich mich über diese Farben. Sie versetzten mein gesamtes Nervensystem in angenehme Unruhe, wie auch die ganze Natur. Smaragdgrün, Kobaltblau, Zinnoberrot, Ocker – all das rief in mir jene Kolorierung hervor, die ich in der Natur sah.

Um also in Kiew zu bleiben, wo es – wie ich später erfuhr – solche »großen« Künstler wie Timonenko [Pimonenko] und Muraschko gab, begab ich mich in eine kleinere Stadt wie Konotop im Gouvernement Tschernigow, wo ich eifrig und intensiv Landschaften mit Storch und Kühen in der Ferne malte. Damals erst sah die ganze Familie, dass keine Familie ohne Missgeburt ist. Von morgens bis abends brauchte ich die Farben auf, ohne zum Bleistift zu greifen. So vergingen Tage, Monate, ein Jahr und ein zweites. Die Familie zog nach Kursk um, doch bereits als ich in Konotop war, wusste ich, dass es in Moskau eine Schule[1] gibt, in der man unterrichtete, die Natur so wiederzugeben, wie sie tatsächlich ist, doch alle meine Bitten, die ich an die Schule schrieb, damit sie mich dort aufnahmen, hat der Vater versteckt und mir nach genau einem Monat eröffnet, dass es keine freien Plätze gebe. Kursk war schon jene Stadt, wo ich meine Tätigkeit als Maler begann, von morgens bis abends saß ich in den Feldern und Wäldern und malte die Natur in all ihren Beleuchtungsmomenten ab. Ich erfuhr damals, dass Menschen, die sich mit der Wiedergabe der Natur befassten, Künstler genannt werden, und die Sache selbst – Kunst. Aber was Kunst eigentlich ist, war nicht nur mir unbekannt, sondern auch anderen, sogar Künstlern, die, wie sie sagten, Studien anfertigten und sich von der Arbeit als Beamte erholten. Für sie war diese Kunst schon Erholung, also trug die Kunst das Ziel in sich, dass sich der Mensch nach der Arbeit erholt. Doch ich habe das nicht so empfunden. Ich war wie ein empfindsamer Apparat, eine Art Barometer, auf das alle Veränderungen der Sonnenbeleuchtung der Natur einwirkten und ich reagierte: Ich übertrug einfach alles, was ich sah, auf meine Leinwand, und die Frage ob das Kunstfertigkeit oder Kunst war, stellte sich nicht, es war allein die Rede davon, ob es ähnlich war und genau.

In Kursk war ich nicht allein. Es gab sogar Beamte, die in der Akademie der Künste arbeiteten, die Ausbildung aber nicht abschlossen und bald zum Finanzamt gingen oder zur Verwaltung oder zur Eisenbahn – alle hatten ein und dieselbe Aufgabe, die Natur ohne alles Nachdenken wiederzugeben, ohne alle Überlegungen und Veränderungen. Das waren die Jahre 1898 bis 1901. Ich hatte schon ein paar Berufsjahre hinter mir, sodass ich meinen Kollegen in nichts nachstand. Das Jahr 1898 kann für mich als der Anfang öffentlicher Ausstellungen gelten. Ich malte schon Großväter in Melonenfeldern der Steppe, Jäterinnen, Märkte, kleine Läden, den Menschen. Ich wusste schon, dass es so bekannte Künstler wie Repin gab, Schischkin, man sprach von Wassiljew, dass in Moskau die berühmte Tretjakow-Galerie sei, als Muster, wie man die Natur malen müsse, doch bis nach Moskau zu fahren, das wäre nur im Märchen möglich gewesen. Da hätte man schon dessen Zauberpferd besitzen müssen, doch begann mich der Gedanke an Moskau sehr zu beunruhigen, aber das Geld fehlte, die Lösung des ganzen Rätsels lag in Moskau, Natur war überall, doch die Mittel, wie sie zu malen war, waren in Moskau, wo auch berühmte Künstler lebten. Auch ich musste Beamter werden, um nicht nur Geld für die Reise zu verdienen, sondern um ganz dorthin umziehen und dort lernen zu können. Es begann eine höllische Zeit des Beamtendienstes, ich verstand das ebenso wenig, wie der wilde Vogel versteht, weshalb man ihn in einem Käfig hält.

Es kam öfter vor, dass ich in den Dienststunden eine kleine Studie machte und aus dem Fenster eine Ansicht malte, das machte ich ganz ernsthaft. Alle lächelten, gute Leute meinten, man dürfe das nicht, die Vorgesetzten waren auch beunruhigt, doch waren sie manchmal beeindruckt von der abgeschlossenen Studie, da sie Ehrfurcht vor der Kunst empfanden, verhielten sie sich nachsichtig, dennoch empfahlen sie mir, nicht den ganzen Tag zu malen, sondern rieten mir, erst nach vier Uhr zu malen; so zog sich nicht nur ein Monat hin, sondern Jahre zogen sich so hin, bis ich ein wenig Geld zusammenhatte und ich entschloss mich, meinen Wohnort nach Moskau zu verlegen.

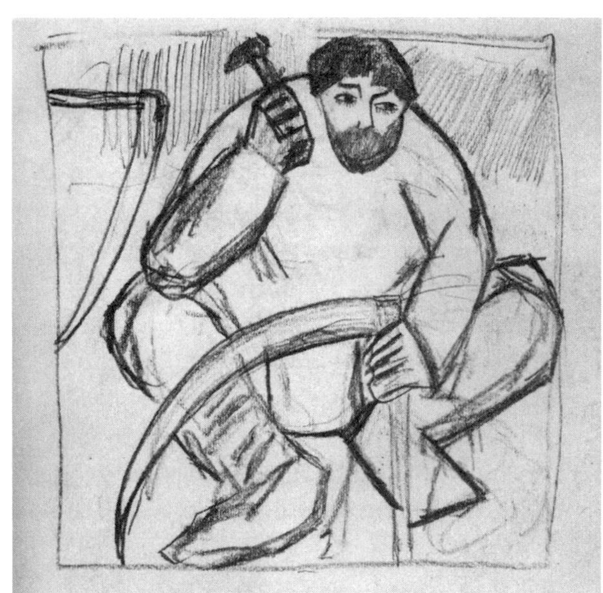

## Kapitel aus der Autobiografie des Künstlers (1933)

### I

Die Umstände, unter denen mein Leben als Kind verlief, waren die folgenden: Mein Vater[2] arbeitete in Zuckerrübenfabriken, die gewöhnlich an ganz abgelegenen Orten gebaut werden, fern von großen und kleinen Städten. Die Zuckerrübenpflanzungen waren weitläufig. Für die Pflege und Bearbeitung der Pflanzungen benötigte man viele Arbeitskräfte, vor allem Bauern.

Auf den Pflanzungen arbeiteten Bauern, vom kleinen bis zum großen, fast den ganzen Sommer und Herbst, und ich, der künftige Künstler, erfreute mich an den Feldern und den »bunten« Arbeitern, die Zuckerrüben jäteten und in Reihe zogen.

Die Haufen von Mädchen in bunten Kleidern bewegten sich in Reihen über das ganze Feld. Das war ein Krieg. Die Truppen in bunten Kleidern kämpften mit dem Unkraut: Sie befreiten die Zuckerrüben davon, dass sie von unnötigen Pflanzen zugewachsen wurden. Ich betrachtete gerne morgens diese Felder, wenn die Sonne noch nicht hoch steht, sich die Lerchen mit ihren Liedern in die Höhe schwingen, die Störche klappernd nach Fröschen fliegen und die Milane in der Höhe kreisend nach Vögeln und Mäusen Ausschau halten.

Die Zuckerrübenpflanzungen zogen sich endlos hin, verschmolzen mal mit dem fernen Horizont, mal senkten sie sich zu den kleineren Fluren herab oder stiegen zu den Hügeln an, schlossen dabei die großen und kleinen Dörfer in ihre grünen Felder ein, die von der einförmigen Faktur der Blätter bedeckt waren. Um eine einzige Fabrik mit Zuckerrüben füttern zu können, waren nicht weniger als zwanzigtausend Desjatinen[3] Zuckerrüben zu pflanzen und Tausende von Menschen für die Bearbeitung dieser Felder bereitzustellen.

Hier, zwischen diesen Dörfern, die an schönen Stellen der Natur gelegen waren und ein wunderschönes Element der Landschaft bildeten, verlief meine Kindheit.

Das andere Territorium der Fabrik erinnerte an eine Art Festung, in der die Menschen Tag und Nacht arbeiteten und sich dem unerbittlichen Ruf der Sirenen unterwarfen. In den Fabriken standen Menschen, die durch die Zeit an einen Apparat oder an eine Maschine genagelt waren: zwölf Stunden im Dampf, im Gestank der Gase, im Schmutz. Ich erinnere mich an meinen Vater, als er an einem großen Apparat stand.[4] Das war ein sehr schöner Apparat mit einer Masse von kleinen

Glasstücken unterschiedlicher Größe. Sie stellten kleine Fensterchen dar, durch die man in das Innere schauen und sehen konnte, wie der Zuckersaft kochte. Da gab es ein paar glänzende kleine Hähne bei jedem Fensterchen, ein Thermometer, und auf einem Tischchen standen zahlreiche Gläschen für die Probe und für die Bestimmung des Kristallisationsgrades des Zuckers. Der Vater stand dort stundenlang, drehte an den kleinen Hähnen, schaute durch die Fensterchen und ließ hin und wieder süße Flüssigkeit auf ein Glasstückchen laufen und betrachtete es aufmerksam gegen das Licht, um die Größe des Kristalls zu erkennen, der sich gebildet hatte.

Dort verfolgte jeder Arbeiter aufmerksam den Gang der Bewegung der Maschinen wie die Bewegung eines Raubtieres. Und gleichzeitig war es nötig, sorgfältig auf sich selbst zu achten, seine eigenen Bewegungen zu verfolgen. Eine falsche Bewegung konnte den Tod oder eine lebenslange Verstümmelung bedeuten. Mir, dem kleinen Jungen, kamen die Maschinen immer wie Raubtiere vor. Ich sah sie immer als wilde, unerbittliche Tiere an, die nur danach trachteten, eine unrechte Bewegung desjenigen zu erwischen, der sie gezähmt hatte, um ihn zu zerdrücken oder zu verstümmeln. Die gewaltigen Ausschläge des Rades und die Riemen verblüfften mich durch ihre Bewegungen und ihre Form. Einige Maschinen waren von

Eisenstäben umzäunt und erschienen wie Hunde hinter einem Zaun. Die anderen waren nicht eingezäunt, die weniger gefährlichen.

Die Menschen, die in der Fabrik arbeiteten, hatten ihre eigenen kleinen Häuser, in denen sie mit ihren Familien lebten. In diesen kleinen Häusern lebten überwiegend hoch qualifizierte Menschen, die anderen lebten in Kasernen.

Die Menschen der Fabrik bildeten eine zweite Gesellschaft, in der ich lebte, aber diese Gesellschaft gefiel mir nicht. Sie lebten in ständiger Arbeit – Tag und Nacht. Die Bauern schlafen die ganze Nacht, aber am Morgen gehen sie auf die Felder und arbeiten an der frischen Luft, mitten in der schönen Natur, die von der Sonne des Morgens, des Mittags und des goldenen Abends beschienen wird. Ihre Arbeit verläuft unter Liedern, das Lied klingt besonders, wenn die Mädchen und die jungen Burschen in großen Gruppen nach Hause zurückkehren.

Ich zog es vor, Freundschaften mit den Kindern der Bauern zu schließen, da ich sie immer für freie Menschen hielt, die in der Freiheit der Felder, Wiesen und Wälder mit Pferden, Schafen und Schweinen lebten.

Die Kinder der Fabrikarbeiter gefielen mir nicht, nicht ihre Kleidung und nicht ihr Leben. Sie liefen immer in Schuhen und Strümpfen herum, in denen man nicht auf Bäume klettern und nicht in Flüsse laufen konnte, um Frösche zu fangen. Die Dorfkinder trugen immer einfache Kleidung aus leichtem Leinengewebe, gut geeignet zu allem. Die Bauernkleidung gefiel mir auch deshalb, weil sie bunt war und gemustert, weil sich jeder die Kleidung selbst nähte, die er wollte. Sie webten selbst und sie nähten und färbten selbst.

Das Wichtigste aber, woran ich die Fabrikarbeiter von den Bauern unterschied, war das Zeichnen. Die Ersteren beschäftigten sich nicht mit dem Zeichnen, sie konnten ihre Häuser nicht ausmalen, beschäftigten sich nicht – so würde ich heute sagen – mit Kunst. Doch alle Bauern beschäftigten sich damit.

Ich war ein kleiner Junge, aber in meinem Kopf entstanden verschiedene Gegenüberstellungen und Vergleiche.

Ich dachte: »Der Vater sollte Lust haben, in der Nacht aufzustehen, wenn alle schlafen, und dann zur Arbeit zu gehen oder sich hinzulegen, wenn alles lebt, atmet in der Luft der Felder, Wiesen, Wälder, Gärten ...«

Die Bauern fürchten keinerlei Sirenen – sie ruft die Sonne still mit ihren Strahlen zur Arbeit und die Sonne ruft sie zum Schlaf und birgt ihre Strahlen hinter dem Erdball. Die Sonne habe ich immer für etwas Größeres und Angenehmeres als die Sirene gehalten. Ich liebte die Hitze ihrer Strahlen mehr als die stinkende Hitze der Fabrik ...

Der Mond hat mir auch sehr gefallen, und er schien mir immer mit der Sonne zu streiten, da er die Nächte sehr schön machte, besser als das Lampen und Kerzen machten. Er ließ viele junge Menschen nicht schlafen, darunter auch mich, wenn ich auch noch kein junger Mann war. Ich liebte den Mond. Wenn sich im Haus alle schlafen legten, öffnete ich immer den Vorhang, schaute auf den Mond und auf die Spiegelung des Fensters auf dem Zimmerboden oder auf dem Bett. Bis zu meinem Fenster drangen Laute eines Liedes der Mädchen und Burschen. Ich lauschte mit großem Vergnügen und beobachtete dabei den ukrainischen Himmel, an dem die Sterne wie Kerzen brannten. Doch der ukrainische Himmel ist dunkel, dunkel wie nirgends in Russland.

Mir gefiel die Ernährung der Bauern, bei denen ich oft aß, ungeachtet dessen, dass auch zu Hause alles da war. Bei ihnen schmeckte es besser. In den Kasernen ernährten sie sich von Sauerkraut, Kohlsuppe und Brei mit Schweinefett (anstelle von Speck). Grieben vermischten sie mit der Grütze, ein Geruch von Kohlsuppe zog sich durch die ganze Kaserne und wurde sogar auf die Straße hinausgetragen. Die Bauern aßen reinen Speck mit Knoblauch und ukrainischem Borschtsch, der aus frischen Sachen gekocht wurde (aus Kraut, Bohnen, Kartoffeln, roten Rüben), sie aßen Sauerrahm und fettiges rundes Weißbrot, Knysch mit

Zwiebeln, Maisbrei mit Milch oder Öl, saure Milch mit Kartoffeln und Ähnliches mehr.

Im Winter, wenn die Fabrikarbeiter Tag und Nacht arbeiten, weben die Bauern wunderbare Stoffe, nähen Kleidung, die Mädchen nähen und sticken, singen Lieder und tanzen, die Burschen spielen auf Geigen. Wer muss, fährt am Morgen nach Kamenez-Podolsk und Jampol auf den Markt.[5]

Nichts dergleichen hatten die Menschen aus der Fabrik. Das gefiel mir überhaupt nicht. Manchmal lief ich mit meinem Bruder[6] in die Fabrik, um Zuckersand mit Wasser zu essen, aber danach überzeugte ich mich davon, dass Honig besser, schmackhafter ist. Durch diesen Vergleich kam ich auf die Idee, dass der Honig den Zucker ersetzen könnte, und deshalb keine Fabriken nötig wären, man müsste nicht Tag und Nacht arbeiten, denn den Honig bringen die Bienen, ein einziger Opa kann mit den Bienen zurechtkommen, und das war's!

Ich hatte nichts dagegen, auf all den Feldern Bienenstöcke aufzustellen, auf denen Zuckerrüben wuchsen. Oh, die bewundernswerten Großväter, sie wissen alles über Bienen und wenn sie erzählen, hörst du begeistert zu.

Ich beneidete immer die Bauernburschen, die – wie mir schien – in grenzenloser Freiheit lebten, mitten in der Natur. Sie hüteten die Pferde, übernachteten im Freien, hüteten große Schweineherden, auf deren Rücken sie am Abend nach Hause ritten und dabei hielten sie sich an den Schweineohren fest. Die Schweine jagten quietschend dahin, schneller als Pferde, und wirbelten auf der Dorfstraße gewaltig Staub auf.

Oft bekam ich von den Bauernburschen Schläge ab. Trotz all meiner Sympathien für sie, hielten sie mich dennoch für einen von der Fabrik. Sie sammelten sich, um mich zu verprügeln, aber manchmal nahmen sie mich in ihre Gesellschaft auf. Doch manchmal war ich in der schwierigen Lage, allein zu bleiben, was ich nicht mochte. Die Fabrikbuben gefielen mir nicht. Wegen ihrer Kleidung konnten sie nicht auf Bäume klettern und nicht auf sumpfige Wiesen laufen. Ich konnte mich umgekehrt niemals nahe beim Haus aufhalten. Wenn mir allein langweilig war, ging ich gewöhnlich zum Nachbarbuben und überredete ihn, mit in den Wald zu gehen.

Vor meinem Auge konnte sich kein einziger Milan verstecken, kein einziger Rabe, der sich Küken ausspähte. Pfeil und Bogen trug ich immer bei mir, und sie waren immer bereit, sich in den Körper eines Milans oder Rabens hineinzubohren. Ich war ein unersättlicher Jäger.

Einmal war ich über die Fabrikkinder so erbost, dass ich ihnen den Krieg erklärte. Ich dingte mir damals eine Armee von Bauernkindern und bezahlte jedes mit einem Stück Zuckerraffinade.

Aus dem Schrank klaute ich ein ganzes Pfund, ein Päckchen, darin waren vierundfünfzig Stück. Dieses Pfund versorgte eine Armee mit 54 Personen. Wenn sich der Krieg zwei, drei Tage hinziehen würde, dann musste ich jedem ein Stück Zucker pro Tag bezahlen. Der Krieg wurde vorbereitet, die Bögen wurden aus den Reifen gefertigt, die für die Zuckerfässer vorbereitet worden waren, Pfeile wurden aus Schilfrohren mit Pechspitzen hergestellt. Jeder Kämpfer musste mindestens siebzig Pfeile haben. Die aus der Fabrik träumten schließlich auch nicht, sie bereiteten sich auch vor. Gegen Abend, am Vorabend des Kriegs, beschossen wir bereits einzeln die vorbeigehenden Fabrikbuben. Der Kampf dauerte den ganzen Tag, bis wir die von der Fabrik hinter ihrem Zaun hervorjagten, indem wir ihnen hinter den Holzhaufen in den Rücken fielen. Es endete damit, dass mein Pfeil den Fabrikanführer ins Auge traf, seiner hingegen flog an mir vorbei. Wir schossen aus nächster Nähe aufeinander.

Das war eine heiße Sache. Am Abend zog man mir zu Hause die Hosen herunter und los ging es mit Papas Handschrift. Ich ertrug die Schmach, doch im Herzen war ich ein Held.

Das Dorf, wie ich oben sagte, beschäftigte sich mit Kunst (ein solches Wort kannte ich damals nicht). Besser gesagt, das Dorf machte damals Dinge, die mir sehr gefielen. In ebendiesen Dingen lag das ganze Geheimnis meiner Sympathien für die Bauern. Ich sah ganz aufgeregt zu, wie die Bauern Wandmalereien machten und half ihnen, die Böden der Hütte mit Lehm zu bestreichen und Muster auf den Ofen zu machen. Die Bauersfrauen stellten tolle Hähne, Pferdchen und Blumen dar.[7] Die Farben wurden alle an Ort und Stelle aus unterschiedlichen Lehmarten und Waschblau zubereitet. Ich versuchte, diese Kultur auf die Öfen bei uns zu Hause zu übertragen, aber es kam nichts dabei heraus. Sie sagten, ich würde die Öfen beschmieren. Dann kamen Zäune, Wände von Scheunen und Ähnliches mehr.

Das ganze Leben der Bauern begeisterte mich sehr. Ich beschloss, dass ich niemals in Fabriken leben und arbeiten würde. Und niemals würde ich studieren. Ich dachte, dass die Bauern gut leben, alles haben, dass sie keinerlei Fabriken und keine Alphabetisierung brauchen. Alles was sie brauchen, machen sie selbst, bis hin zu den Farben. Sie haben auch Honig, folglich muss man keinen Zucker kochen. Ein einziger Opa sammelt viel Honig, wenn er den ganzen Sommer am Bienenstock des blühenden Gartens sitzt und sich um die Bienen kümmert. Bienen hatte jeder Bauer, der einen Opa hatte. Jeder hatte einen Garten, Birnen, ach, und welche Birnen es gab, und Äpfel, Zwetschgen, Kirschen! Ich liebte Wareniki[8] mit Kirschen und saurem Rahm, mit Honig.

Ich ahmte das ganze Leben der Bauern nach. Ich rieb die Brotrinde mit Knoblauch ein, aß Speck und hielt ihn dabei in den Fingern, lief barfuß herum und akzeptierte keine Stiefel. Die Bauern erschienen mir immer sauber und herausgeputzt zu sein. Ich erinnere mich an Hochzeiten, bei denen die Braut und ihre Gefährtinnen ein irgendwie bunt gemustertes Volk bildeten, in Wollkleidern von bunten Stoffen, mit in die Zöpfe geflochtenen Bändern und Kopfbedeckungen, in Samtstiefelchen mit ehernen und eisernen Beschlägen, die Stiefelschäfte mit Mustern bestickt. Der Bräutigam und seine Gefährten in grauen Hammelfellmützen, in blauen Hosen, eher Pumphosen, die zu nähen nicht weniger als sechzehn Arschin[9] Stoff erforderte, ein weißes Hemd mit eingenähten Mustern und ein weiter roter Wollgürtel.

Die Braut ging mit den Gefährtinnen durch alle Straßen des Dorfs, ein Lied auf den Lippen. Vor jedem, der ihr auf der Straße begegnete, machte sie tiefe Verbeugungen, dreimal verbeugte sie sich.

Das also ist der Hintergrund, auf dem sich in mir Gefühle zur Kunst, zum künstlerischen Schaffen allgemein entwickelten.

Alle Zuckerfabriken hatten damals einmal im Jahr eine Verbindung nach Kiew. In Kiew wurde alljährlich ein großer Jahrmarkt veranstaltet, zu dem Kaufleute aus allen Ländern angereist kamen. Dorthin reisten auch Mitarbeiter der Zuckerfabrikenoder ihr Führungspersonal zur Unterzeichnung von Vertragsabschlüssen und zur Verpflichtung verschiedener Spezialisten für Zuckerrübenkochen. Deshalb hieß der Markt im Volksmund »Vertragsmarkt«.[10] Mein Vater fuhr als hoch qualifizierter Zuckerkocher auch zu diesem Vertragsmarkt und nahm mich mit. Auf diese Art und Weise wurde ich mit der Stadt und ihrem Leben bekannt, aber auch mit ihrer Kunst, die in den Schaufenstern der Geschäfte für Kanzleibedarf ausgestellt wurde.

Mich interessierte der Markt wenig, obwohl er bemerkenswert war. Der Vater ging seinen Geschäften nach, und ich lief von einem Geschäft zum anderen und schaute mir lange die Bilder an. Auf diese Art und Weise wurde Kiew nach und nach ein neues Milieu, das auf meine Psyche einwirkte und ein neues Sein von Kunst eröffnete.

Ich verstand damals nichts, ich dachte nicht über die Probleme der Kunst von Kiew und der Kunst des Dorfes nach, sondern nahm das eine wie das andere rein emotional wahr, mit einer angenehmen Unruhe und dem großen Wunsch, selbst ein solches Bild zu malen. Ich wusste nicht, dass es Schulen gab, in denen das Zeichnen und das Malen von Bildern unterrichtet wurde, sondern ich dachte, dass auch diese Bilder ebenso gemalt würden, wie die Bauern Blumen, Pferdchen und Hähne malen, ohne jegliche Anleitung[11] und Schule.

Doch spürte ich, dass es zwischen der Kunst Kiews und jener des Dorfes einen Unterschied gibt. Ein ausgestelltes Bild verblüffte mich ungemein. In der Kiewer Kunst wurde alles sehr lebendig, natürlich dargestellt. Auf dem Bild, das mich verzauberte, war ein Mädchen dargestellt, das auf einer Bank saß und Kartoffeln schälte. Mich verblüffte die Echtheit der Kartoffeln und der Schalen, die wie ein Band auf der Bank neben einem unvergleichlich gemalten Topf lagen. Dieses Bild war für mich eine Offenbarung, ich erinnere mich daran bis zum heutigen Tag. Stark bewegte mich die Technik des Ausdrucks. War es auch mein Wunsch, ein solches Bild zu malen, beschäftigte ich mich dennoch weiterhin mit dem Zeichnen von Pferdchen in dem primitiven Geist, in dem das die Bäuerinnen machten, die alle Blumen malen und Wandmalereien machen konnten. Die Kunst gehörte ihnen mehr als den Männern.

Von Jahr zu Jahr wurde ich immer sicherer in dieser Sache und hatte einen starken Drang nach Kiew. Kiew war für mein Empfinden bemerkenswert. Die Häuser, die aus farbigen Ziegeln gebaut waren, die hügeligen Stellen, der Dnjepr, der weite Horizont, die Dampfer. Das ganze Leben der Stadt wirkte immer stärker auf mich. Bauersfrauen überquerten auf kleinen Kähnen den Dnjepr, brachten Butter, Milch und saure Sahne mit, sie bevölkerten die Ufer und die Straßen Kiews und gaben der Stadt ein besonderes Kolorit.

Meinem Vater war mein Hang zur Kunst nicht besonders angenehm. Er wusste, dass es Künstler gab, die Bilder malten, aber er sprach niemals über dieses Thema. Er tendierte immer noch dazu, dass ich denselben Weg gehen sollte wie auch er. Der Vater sagte zu mir, dass das Leben der Künstler schlecht sei und der größte Teil von ihnen in Gefängnissen sitze, was er sich für seinen Sohn nicht wünschte.

Meine Mutter beschäftigte sich auch mit verschiedenen Stickereien und Spitzenklöppeln.[12] Ich habe diese Kunst von ihr gelernt und habe auch gestickt und gehäkelt.

Ich war zwölf Jahre alt. Ich war, kann man sagen, ein Meister, da ich mir selbst Aquarellfarben zubereitete und selbst Pinsel machte. Ich zeichnete schon recht gut Pferdchen in unterschiedlichen Ansichten, mit Landschaft und Menschen, malte sie aus, natürlich in beliebigen Farben. Ich war nicht allein, ich fand einen Kollegen, und wir zeichneten zu zweit Bilder zu allen möglichen Themen.

Damals lebten wir in dem kleinen Örtchen Belopole, im Gouvernement Charkow, in dem ich einen Kollegen zum Zeichnen fand, der ganz der Sache der Kunst ergeben war. Mein Gefährte war mir im Hinblick auf die Herstellung von Farben voraus. Er besaß flache Steine, auf denen er die

Farben rieb. Die Farben machte man nicht nur aus verschiedenen Arten von Erdstücken, aus verschiedenen Arten von Lehm, sondern auch aus einigen Pülverchen, aus denen Aquarell- und Ölfarben gemacht wurden. Den Ölfarben gaben wir aber nicht den Vorzug, sondern beharrten auf Aquarellfarben. Die Arbeit ging voran. Eines schönen Tages kam mein Gefährte ganz außer Atem zu mir gelaufen, ruft mich vors Tor und sagt leise:

– Ich habe von meinem Onkel, der es der Tante erzählte, gehört, dass aus Petersburg die berühmtesten Künstler zum Ikonenmalen in der Kirche beauftragt wurden.

Das versetzte uns in große Unruhe, da wir noch nie lebendige Künstler gesehen hatten. Wir folgten jedem Gespräch der Älteren über die Ankunft der Künstler, und mein Freund ging deshalb täglich (heimlich) zu seinem Onkel.

Dann war es so weit, tatsächlich kamen drei Künstler![13] Die Mitglieder der Kirchengemeinde waren durch dieses Ereignis nicht unerheblich in Unruhe versetzt, nicht so sehr durch die Künstler als durch die Reparaturarbeiten und das Sammeln von Geld. Uns interessierten aber nur die Künstler: Wir waren darauf so erpicht, in die Kirche zu gelangen und zuzusehen, wie diese berühmten Künstler arbeiten würden. Und alle unsere Überlegungen gingen nur in diese Richtung – Tag und Nacht! Wir prüften die Kirchenfenster schon im

Hinblick darauf, wie wir hineinsteigen konnten. Zu den Verpflichtungen meines Gefährten, als eines Alteingesessenen von Belopole, gehörte es, herauszufinden, wo sie leben und arbeiten würden. Danach wollte er aber nicht seinen Onkel fragen, das war aus irgendeinem Grund ein Geheimnis. Wir gingen auf die Hauptstraße des kleinen Orts. Wir gingen heimlich, ich auf der einen Seite der Straße und schaute in die mehr oder weniger verdächtigen Gesichter, er auf der anderen. So suchten wir die Künstler. Wir dachten, dass sie – wie alle Einwohner – unbedingt auf der Hauptstraße entlanggehen würden. In Belopole war jeder Ankömmling sogleich zu erkennen. Wir gingen morgens und abends. Wir standen an der wichtigsten Bäckerei und beim Metzger, doch zu unserem Leidwesen liefen immer nur die alten Bekannten herum. In die Bäckerei ebenso wie in die Metzgerei und auf der Straße. Fremde waren nicht zu sehen. All diese Suchaktionen unternahmen wir aus irgendeinem Grund heimlich, ließen niemanden etwas erkennen und zu Hause schwiegen wir. Doch was wäre einfacher gewesen, als zur Kirche zu gehen und den Kirchenwächter nach den Künstlern zu fragen?

Nach dem Misserfolg auf der Hauptstraße gingen wir über alle Straßen des kleinen Orts, letztendlich begannen wir, die Kirche direkt zu bewachen. Wir bewachten sie gemeinsam, nur zur Mittagszeit lösten wir uns ab. Aber dann gaben wir diese Methode wieder auf. Aus der Angst heraus, dass einer sie früher als der andere sehen konnte, versorgten wir uns mit Proviant und saßen von morgens bis abends gemeinsam an der Kirche. Es waren keine Künstler zu sehen.

Wir gingen zum Onkel. Mein Gefährte erweckte den Anschein, als besuchte er die Tante, und machte mich mit ihr bekannt. Sie fragte: »Wohin gehört er?« Er erläuterte: »Er ist aus Parchomowka hergezogen.« (Das Dorf, in dem die Zuckerfabrik war.)[14] Lange trieben wir uns bei der Tante herum und wussten nicht, wie wir den Onkel nach den Künstlern fragen sollten. Die Tante brachte jedem von uns ein Stück Speck mit Brot heraus. Wir setzten uns auf Balken und begannen zu essen. So gingen wir auch nach Hause: Weder die Tante noch der Onkel sagten etwas über die Künstler. Währenddessen waren die Künstler in Belopole. So vergingen noch einige Tage. Wir kamen vom Baden, es war ein heißer Abend, plötzlich sehen wir, dass neben einem der Häuser auf der entlegensten Straße von Belopole Burschen und Mädchen stehen und in die Fenster schauen. Wir gingen auch hin und was sehen wir? In dem beleuchteten Zimmer hängen an den Wänden auf »Lappen« (wie wir sie nannten), gemalte Köpfe von Buben, Mädchen, auch Kühe, die Wasser tranken. Im Zimmer gingen die Künstler herum.

Sie waren zu dritt. Wir betrachteten sie genau, wie eine nie dagewesene Rarität. Uns verblüfften ihre langen Haare, ihre besonderen Hemden.

Diese Nacht schliefen wir schlecht, wir warteten auf den Morgen, um rechtzeitig zu der Hütte zu gehen, in der die Künstler wohnten. Am Morgen, als alle noch schliefen, schlüpfte ich aus dem Haus und ging im Laufschritt, möglichst schnell, direkt zum Ort meiner Beobachtung. Als ich angelaufen kam, war mein Gefährte schon da. Niemand kam heraus. Wir standen etwas entfernt, damit wir keine Aufmerksamkeit auf uns lenkten, wenn auch niemand irgendetwas von uns wollte. Man trieb die Kühe vorbei, die Sonne ging auf, aber die Künstler waren nicht zu sehen. Schließlich wurde ein Fenster geöffnet, und ein Künstler schaute auf die Straße. Wir gingen zur Seite und erweckten den Anschein, als interessierten wir uns für die Gemüsegärten. Nach einer Stunde öffnete sich das Gartentürchen und vor unseren Augen standen die Künstler. Sie hatten Kästen an Riemen, die über die Schultern geworfen waren, einen Schirm und andere unverständliche Gegenstände. Bekleidet waren sie mit Hemden. Mit bläulichen Hosen und Stiefeln. Die Künstler verließen die Stadt, wir ihnen hinterher. Auf dem Feld standen Mühlen, es wuchs Roggen und in der Ferne waren kleine Eichen. Wir gingen durch den Roggen, im Roggen waren wir nicht zu sehen, und dort, wo Weizen war, krochen wir.

An der Mühle angekommen, ließen sich die Künstler nieder, nahmen ihre Kästen, öffneten die Schirme und begannen zu malen.

Alles verfolgten wir auf das Sorgfältigste, kein einziges Detail entging uns. Wir wollten sehen, wie und was sie taten. Wir krochen auf das Vorsichtigste auf dem Bauch und hielten dabei die Luft an. Es gelang uns, ganz nahe heranzukriechen. Wir sahen kleine Farbtuben, aus denen sie Farbe drückten, was sehr interessant war. Auf dem Lappen zeigten sich der Himmel, die Mühle und so weiter.

Unsere Aufregung kannte keine Grenzen. Wir lagen zwei Stunden lang da. Die Künstler ließen die Arbeit zurück und kamen bei der Mühle zum Frühstücken zusammen. Sie sprachen Russisch und lachten. Wir nutzten die Zeit, wir zogen uns auch kriechend zurück, verließen den Roggen und machten uns, so schnell es ging, davon.

Die Künstler bedeuteten einen Impuls von solch einer Kraft, dass mein Gefährte über eine Flucht mit diesen Künstlern nach Petersburg nachdachte, sobald sie ihre Arbeit in der Kirche beendet hätten. Aber da wir von unseren Eltern abhingen, und unsere Eltern von anderen Lebensumständen, haben uns diese Bedingungen im interessanten Augenblick unseres gemeinsamen Lebens, nach der Ausarbeitung des Plans zur Flucht nach Petersburg, getrennt. Vater zog mit uns in die Zuckerfabrik von Woltschok im Gouvernement Tschernigow um, zwanzig Werst[15] von Konotop.[16] In dieser Fabrik lernen Ingenieure meine Arbeiten kennen und raten dem Vater, mich in eine Kunstschule zu schicken; sie loben meine Arbeiten. Ich kopierte damals Bilder aus der Zeitschrift *Niwa*.[17] Ich lasse dem Vater keine Ruhe, und er schreibt ein Gesuch an die Moskauer Kunstschule (wie die Ingenieure sagten).[18] Doch statt es mit der Post zu schicken, ließ er dieses Gesuch in seinem Schreibtisch verschwinden und erklärte mir nach drei Monaten, dass es in der Lehranstalt keinen Platz gebe.

Die Farbtuben, die Palette, Pinsel, Schirme und Klappstuhl aus Belopole ließen mir keine Ruhe. Ich war 16 Jahre alt und zeichnete alles – wie mir schien –, sowohl Kühe als auch Pferde und Menschen, so, wie sie die Künstler in den Zeitschriften zeichneten. Mit sechzehn Jahren fuhr ich mit der Mutter nach Kiew, wo sie mir alles kaufte, was ihr der Verkäufer des Geschäfts sagte.

Ich lebte damals in der Stadt Konotop. Oh, die ruhmreiche Stadt Konotop glänzte ganz vor Speck. Auf den Märkten und neben dem Bahnhof saßen an kleinen Tischen Frauen in langen Reihen, die sich Speckfrauen nannten, von ihnen ging Knoblauchgeruch aus. Auf den Tischen waren Massen verschiedener Arten von Speck aufgetürmt, geräucherter und ungeräucherter Speck mit guter Kruste; da lagen Ringe von Wurst, Krakauer, die mit großen Stücken Fleisch und Schweinefett gefüllt waren, Blutwürste, Grützwürste mit ungewöhnlichem Geruch, die alle Sinne anregten, die ein Mensch hat; da lag Schinken mit Speckkrusten an den Rändern; da lagen runde Speckkugeln und runde Presswurst. Die Speckfrauen selbst glänzten von den speckbeschmierten Kleidern, auf denen die Sonne ihre Strahlen spiegelte und die nach Knoblauch rochen.

Ich kaufte mir für fünf Kopeken einen Ring Wurst, brach ihn in Stücke und aß ihn so, wie ihn auf den Märkten die Menschen aßen. Das Hammelfleisch, das eineinhalb Kopeken das Pfund kostete, oder das sonstige Fleisch beachtete ich nicht. Schweinefleisch war mein Hauptgericht und auch Fisch, besonders Dörrfisch mit rotem fettem Rücken und Kaviar, zwei Kopeken das Stück. Ich aß Schweinefleisch und Fisch gerne mit Weißbrot. Oder du kaufst dir bei der Speckfrau ein kleines Spanferkel für vierzig Kopeken, angebraten mit roter Kruste, mit Fett durchtränkt. Die angebratene Kruste kracht zwischen den Zähnen und heimlich isst du alles auf, damit man es daheim nicht mitbekommt.

Ich wuchs mitten in diesem ukrainischen Speck und Knoblauch in Konotop auf. Aber das ist nur die eine, sehr angenehme Seite von Konotop. Ihr anderer charakteristischer Zug, das ist der undurchdringliche Sumpf, wenn es regnet, bei Trockenheit dagegen ein unglaublicher Staub. Wenn der Onkel mit dem Pferdegespann fährt, dann wirbelt er einen solchen Staub auf, dass weder Pferde noch Häuser zu sehen sind. Man erzählt, dass, als Katharina II. das Glück hatte, durch dieses ruhmreiche Städtchen zu fahren, ihre Pferde im Sumpf der Straße einsanken. Seit dieser Zeit wurde die Stadt angeblich zu Konotop.[19] Die Hauptstraße hieß, wie immer in solchen Städten, Newski Prospekt. Auf beiden Seiten dieses Newski Prospekts waren Bretter für den Fall eines Regens ausgelegt. Wenn die Schwarzerde einen Arschin tief weich wird, dann gehen die Leute auf diesen Brettern. Auf der Straße selbst liegen Schweine mit Ferkeln, die die Erde aufwühlen oder in dem weggeschütteten Spülwasser herumwühlen, das man aus den Höfen des Newski Prospekts hingeschüttet hatte.

Ich lebte weit weg vom Prospekt in einem sehr hübschen ukrainischen Häuschen, das von einem Garten umgeben war.

Ich hatte mein erstes Bild, *Mondnacht*, gemalt. Ich malte noch mehr dem Eindruck nach, als ich das in Belopole gemacht hatte. Nach der Natur konnte ich ohnehin nicht malen, obwohl der vorausschauende Verkäufer beim Kauf der Farben ein Buch dazugelegt hatte, wohl von Professor

Jännicke, in dem dargelegt wurde, wie Porträts und Landschaften zu malen seien. Um ein Porträt zu malen musste man nach Jännicke 54 »Körper«-Farben auftragen, doch in einer Landschaft nicht weniger »Pflanzen«-Farben.[20] Ich konnte mich in dieser Fülle von Farben nicht zurechtfinden und malte, wie es mir Gott ans Herz legte. Ich malte nach meinem Eindruck und griff zu jenen Malfarben, die jene Farben hervorbrachten, die mit meinem Eindruck vom Gesehenen übereinstimmten.

Als erstes Bild auf Leinwand, in einer Größe von dreiviertel Arschin, wurde die *Mondnacht* gemalt. Das war eine Landschaft mit einem Fluss, Steinen und einem vertäuten Kahn. Die Widerspiegelung der Mondstrahlen war im Bild, sagte man, wie lebendig. Auf alle meine Gefährten machte dieses Bild großen Eindruck. Einer meiner Gefährten hatte eine geschäftliche Ader und schlug mir vor, dieses Werk im Schreibwaren- und Papiergeschäft am Newski Prospekt auszustellen, aber ich war dagegen und war furchtbar bescheiden. Mein Zustand war seltsam: Man kann sagen, dass ich mich dafür schämte, meine Arbeit zu zeigen, die ich mit großem Vergnügen gemacht hatte. Doch einmal nahm mein Bekannter die *Mondnacht* ohne mein Wissen mit. Der Besitzer des Geschäfts war von diesem Bild verblüfft. Er nahm es mit Vergnügen, wie mir mein Bekannter berichtete, und stellte es gleich im Fenster des Geschäfts aus. Ich ging mir auch meine erste Ausstellung ansehen, doch hatte ich Angst, dass man in mir den Urheber erkennen könnte. Die Beamten blieben stehen und schauten und schauten ... Das Bild stand nicht lange da, es wurde für fünf Rubel verkauft. Davon konnte man einen Monat lang Wurst kaufen, pro Tag einen Ring. Meine Aktien stiegen stark, und der Geschäftsinhaber bat mich, noch eine *Mondnacht* zu bringen, aber mit einer Windmühle. Ich malte jedoch ein anderes Bild, doppelt so groß, das ein Wäldchen mit Störchen darstellte. Das wurde auch verkauft.

Es verging einige Zeit; ich fahre nach Kiew und lerne dort Pimonenko kennen.[21] Einen großen Eindruck machten seine Bilder auf mich. Er zeigte mir das Gemälde *Hopak*.[22] Ich war von allem, was ich in seinem Atelier sah, tief beeindruckt.[23] Eine große Zahl von Staffeleien, auf denen Bilder standen, die das Leben in der Ukraine darstellten.

Ich zeige meine eigenen Arbeiten, bereits Studien nach der Natur. Ich komme zufällig an die Kiewer Kunstschule.[24] Doch die Umstände zwangen mich, nach Kursk umzuziehen. Kursk ist zwar nicht Kiew, aber immerhin eine Stadt. Das war im Jahr 1896. Ich hatte schon ein wenig Erfahrung in der Malerei. Kursk nimmt in meiner künftigen Biografie einen wichtigen Platz ein.

Meine Arbeit in Kursk entwickelte sich unter dem Einfluss der »Wandermaler« Schischkin und Repin, mit denen ich durch Reproduktionen bekannt war. Die Natur wurde für mich jene Wirklichkeit, die man in ihrer ganzen Wahrhaftigkeit in einer Studie wiedergeben musste.

Mit dem Umzug nach Kursk fand sich in der Leitung der Eisenbahn Moskau-Kursk unter den Angestellten ein Buchhalter, der ein großer Liebhaber der Malerei war und die Schule des bekannten ukrainischen Meisters Muraschko durchlaufen hatte, offensichtlich in Tschernigow.[25] Das war Walentin Loboda.[26] Wir freundeten uns an. Bald tauchte noch ein Kunstliebhaber auf, Fjodor Jakowlewski, und dann noch Mamotin.[27] Loboda vereinbarte mit dem Leiter des Zugverkehrs, dass wir uns außerhalb der Dienstzeiten in einem der Zimmer der Leitung treffen dürften, um zu zeichnen. Sogleich bildete sich bei uns ein Zirkel von Liebhabern des Zeichnens. Wir bestellten damals bei der Moskauer Kunstlehranstalt verschiedene Lehrmittel, Gipsfiguren, ein Skelett, Köpfe von Venus, David und andere. Wir zeichneten mit großer Begeisterung und kamen beim Zeichnen so weit, dass wir eine vollständige Illusion der Darstellung von Gips erreichten. Dann gingen wir zur Natur über.

Bald stieß zu unserem Lager noch ein echter Künstler, der nach Akademie der Künste roch. Das war Lew Kwatschewski.[28] Er studierte an der Akademie der Künste in der Klasse für Landschaftsmalerei. Aber wie kam er gerade nach Kursk statt an die Akademie der Künste in Petersburg? Später stellte sich heraus, dass er zu Studien auf die Krim reiste und dort mit einem hübschen Mädchen bekannt wurde. Nun, und er heiratete sie! Mit einer Frau fährt man nicht zur Akademie, Geld war keins da, doch die Eltern – hieß es – hatten Beziehungen und brachten ihn als Beamten in der Verwaltung für Verbrauchersteuer unter. Und von dort aus bekam er die Stelle in Kursk als Aufseher für Verbrauchersteuer in Speranskis Spiritusdestille. Die Stelle war passend, er war immer fröhlich. Wohnung, Heizung und Licht wurden bereitgestellt, man brauchte nur noch etwas zum Essen, zum Trinken gab es schon etwas. Die Wohnung Kwatschewskis war ein ständiger Ort von Versammlungen sowohl von Künstlern als auch von Beamten. Sehr interessante Typen waren unter ihnen. Sie sprachen viel über Kunst, diskutierten über die Arbeiten, kritisierten einander unerbittlich. Die Stimmung war immer munter und fröhlich, unabhängig davon, ob Geld da war oder nicht.

Wir entwickelten unser Programm weiter und entdeckten einen alteingesessenen Künstler, den begabten Schüler der Moskauer Lehranstalt für Malerei, Bildhauerei und Architektur Wladimir

Golikow.[29] Seine Arbeiten wirkten auf mich sehr gut. Die Frische der Farben, ihr angenehmer Ton, der breite verallgemeinernde Strich wühlten meine Emotionen auf wie Hefe den Teig. Ich sah einen großen Unterschied zwischen der Arbeit Golikows und der Arbeit Kwatschewskis, der beiden gegensätzlichen Schulen Moskaus und Petersburgs. Die Arbeit Golikows hielt mich immer in einer besonderen Stimmung, man spürte die richtige Linie der Malerei, deshalb war sie mir in ihrer Art nah. Aber er stand abseits vom Zirkel und war faul. Man hätte ihn schlagen mögen, so unglaublich faul war er! Er saß die ganze Zeit wie ein Eremit in seinem Atelier, dachte nach, ging auf und ab, aber er arbeitete zu wenig. Das ging mir sehr auf die Nerven: Wie kann man die Malerei beherrschen und ganze Tage nicht arbeiten?!

Lew Kwatschewski war mein allerbester Freund.[30] Wir konnten nicht ohne einander leben. Uns verband eine große Lust, zu arbeiten und zu Studien zu gehen (dass er in der Spiritusdestille wohnte, hatte keine wesentliche Bedeutung für unsere Freundschaft). Im Alltag standen wir uns durch unsere Charaktere in vielem nah. Eines, worin wir uns nicht einig werden konnten, war die malerische Einstellung zur Natur. Ich hielt mich an eine eher breitere Malweise, er an eine sorgfältigere. Jeden Tag im Sommer, Frühjahr und Winter machten wir uns auf den Weg zu Studien, pro Tag so dreißig Werst. Den ganzen Weg über stritten wir. Die Streitigkeiten verstummten, wenn wir uns zum Malen hinsetzten. Wir hörten auf zu streiten, wenn wir uns setzten, um etwas zu essen. Er hatte immer eine Feldflasche dabei: Speranskis Flüssigkeit, wie er sagte, nicht von Menschenhand geschaffene Tropfen oder die Tränen Mariens.[31] Beim Essen sprachen wir über andere Themen, erwähnten wiederholt die Ukraine. Wir waren beide Ukrainer. Am Morgen gingen wir aus dem Haus und nahmen Proviant für den Tag mit. Meine tägliche Portion bestand aus einem Pfund Speck, Knoblauchzehen, einem Pfund geräucherter Schweinebrust und fünf oder sechs französischen Brötchen. Das Bruststück, gekocht mit Rippen und mit Knorpeln, hat einen guten Geschmack. Kwatschewski war von Natur aus zarter, er nahm mehr Schinken mit, geräucherte Wurst, feuchten Schweizer Käse, zehn Eier, zu Hause gebackenes Weißbrot, und eine Feldflasche mit dem nicht von Menschenhand Geschaffenen. Angenehm war es zuzusehen, mit welchem Appetit er aß. Im Dorf kauften wir noch für fünf Kopeken eine Kanne warmer gedämpfter Milch, kalter mit dicker Sahne, und gelber Haut, die besser schmeckte als alle Piroggen.

Er und ich liebten die Natur, die Felder und Wälder, wir hörten die ganze Musik der Felder, der

Vögel und des Kolorits. Wir verfluchten die Zeit, die wir drauf verwenden mussten, Geld zu verdienen.[32] Er arbeitete in der Steuerverwaltung und ich in der technischen Abteilung des Eisenbahndienstes Moskau-Kursk. Wie er hatte auch ich großes Glück. Der Leiter der technischen Abteilung hatte nichts gegen das Zeichnen von Studien, er liebte auch die Kunst, und ich genoss Privilegien (manchmal holte ich meine Arbeit an den Abenden nach). Auch der Bruder des Bildhauers Beklemischew, der Architekt der technischen Abteilung, der Eisenbahngebäude entwarf, unterstützte mich.[33] Er war ein begabter Künstler und Architekt, doch auch ein begabter Alkoholiker. Kwatschewski ging unter dem Vorwand der Überprüfung der Läden weg, des Verkaufs von Getränken, und ich unter dem Vorwand, dass ich die Kunst liebte.

Wir organisierten die Gesellschaft der Kunstliebhaber von Kursk und begannen jährliche Ausstellungen zu veranstalten,[34] zu denen wir auch Künstler aus der Hauptstadt einluden,[35] wir arbeiteten, entwickelten eine künstlerische Kultur und wurden auch selbst reifer. In der Stadt Kursk bildete sich so ein eigener Blickwinkel auf die Kunst heraus. Auf dem farblosen Hintergrund des Lebens in Kursk war unser Zirkel ein echter Vulkan des Kunstlebens. Ich nahm den revolutionärsten Standpunkt ein. Auch Kwatschewski änderte seine Standpunkte nicht nur zur Kunst, sondern auch zum Leben. Ich war in Richtung Malerei tätig, aber ich hatte noch einen Freund, den jetzt der gesamten musikalischen Welt bekannten Komponisten Nikolai Roslawez.[36] Er arbeitete in Richtung Musik. Das ist mein einziger Freund, den ich in Konotop gewonnen habe. Später werde ich detailliert seine und meine ganze Tätigkeit in Kursk beschreiben. Wie schön es in Kursk auch war, wie gut auch die Freunde waren, mich zog es doch, wie den Wolf in den Wald, nach Moskau und Petersburg, wo die wahre Kunst lebt, mit der ich einerseits durch Golikow bekannt wurde, andererseits durch Kwatschewski. Ohne diese Städte wird niemand jemals ein Künstler werden, und in der Provinz verkommen, wenn er nicht gerade auf der Krim heiratet. Die Gedanken an diese Kunststädte plagten mich schon seit langen Jahren. Aber diese Gedanken und Wünsche zerbarsten immer an der materiellen Grundlage. Und dennoch war der Wunsch sehr stark und er führte mich zum Dienst in der technischen Abteilung der Eisenbahnverwaltung Moskau-Kursk. Ich sammelte Geld und schuf die Basis. Schließlich war die Grundlage geschaffen.

Meine Freunde waren durch meinen mutigen Schritt beunruhigt, aber dafür waren ihre Frauen äußerst zufrieden. Man muss sagen, dass mich die Frauen meiner Freunde dafür hassten, dass ich ihnen die Männer in jeder freien Stunde zu Studien entführte: Deshalb waren diese niemals zu Hause. Die Freunde erzählten mir von allen Schwierigkeiten und Schrecken der Stadt, aber mich beunruhigte das nicht. Ich schaffte mir einen Überblick über meine Finanzen und nach meinen Berechnungen musste es für ein ganzes Unterrichtsjahr reichen; im Frühjahr würde ich nach Kursk kommen und eine Arbeit annehmen. Ich fahre. Es war das Jahr 1904.[37] Ich fahre schon als impressionistischer Künstler, der an Ausstellungen teilgenommen hat. Im Frühjahr würde ich nach Kursk zurückkommen. Im Herbst wieder nach Moskau, wo ich in eine »Kommune« gerate. Die Kommune war in Lefortowo.

Für die Künstlerkommune wurde das Haus des Künstlers W. Kurdjumow gemietet.[38] Der Künstler Kurdjumow rechnete wohl eher nicht mit seinem Talent; bei der Hochzeit bekam er als Mitgift zwei Häuser. Das Haus, in dem sich die Kommunarden sammelten, war geräumig, hatte zwei Stockwerke und war aus Holz; es waren schöne, helle Zimmer, etwa zwanzig an der Zahl. Dort kamen etwa dreißig Kommunarden zusammen. Jeder musste für ein Zimmer sieben Rubel im Monat bezahlen.

In ebendieser Kommune ließ auch ich mich nieder. Gemäß meiner Gewohnheit begann ich gleich zu arbeiten. Ich malte impressionistische Bilder und Studien.[39]

Das war eine fröhliche, aber hungrige Gesellschaft. Ich fühlte mich unter den Kommunarden der Lehranstalt für Malerei, Bildhauerei und Architektur als Provinzler; pünktlich zahlte ich mein Geld und beteiligte mich an allen Ausgaben. Doch die Kommunarden erfüllten keinerlei Verpflichtungen gegenüber dem Hausherrn, keiner dachte daran, ihn vertragsgemäß zu bezahlen. Aber am schlimmsten war, dass keiner daran dachte zu arbeiten. Diese Verrohung hatte auf mich eine gegenteilige Wirkung. Ich spannte meine Kräfte immer stärker zur Arbeit an. Meine ganze Grundlage brach innerhalb von zwei, drei Monaten weg, ich kam wie ein Huhn in die Suppe, ich war völlig ungeeignet für das Leben in einer großen Stadt. Aber ich verzagte nicht und arbeitete, studierte die Kunst und ging ins Studio.[40] Auf mich machten, trotz der naturalistischen Erziehung meiner Gefühle gegenüber der Natur, die Ikonen einen starken Eindruck. Ich spürte in ihnen etwas Vertrautes und Bemerkenswertes. In ihnen offenbarte sich mir das ganze russische Volk mit seinem ganzen emotionalen Schaffen. Ich erinnerte mich damals an meine Kindheit: an die Pferdchen, Blümchen und die Hähnchen der primitiven Malereien und der Holzschnitzarbeiten. Ich ahnte irgendeine Verbindung der bäuerlichen Kunst mit jener der Ikonen: Die Ikonenkunst, das sind die Formen der höchsten Kultur bäuerlicher Kunst. Ich deckte in ihr die ganze spirituelle Seite der »bäuerlichen Zeit« auf, ich verstand die Bauern über die Ikone, verstand ihr Antlitz nicht wie das von Heiligen, sondern von einfachen Menschen. Auch das Kolorit und die Haltung des Malers. Ich verstand Botticelli und Cimabue.[41] Cimabue stand mir näher, in ihm war der Geist, den ich in den Bauern fühlte. Das war das dritte Stadium des Umbruchs in meinem Leben.

Das erste Stadium war, als ich mich nach den primitiven Darstellungen der bäuerlichen Kunst der naturalistischen Schule zuwandte, zu Schischkin und Repin ging. Auf diesem Weg wurde ich überraschend durch ein großes Ereignis angehalten, als ich in den Studien auf eine aus der Reihe fallende Erscheinung in meiner malerischen Wahrnehmung der Natur stieß. Vor mir stand mitten unter Bäumen ein neu mit Kalk geweißtes Haus, es war ein Sonnentag, der Himmel kobaltfarben, auf einer Seite des Hauses lag der Schatten, auf der anderen die Sonne. Ich erblickte zum ersten Mal die hellen Reflexe des blauen Himmels, reine durchsichtige Töne. Seit jener Zeit begann ich die Arbeit an heller Malerei, an freudiger, sonniger. Eine solche Studie befindet sich in der Tretjakow-Galerie (*Der kleine Garten*)[42]. Von solchen Studien malte ich über einige Jahre eine gewaltige Anzahl. Seit jener Zeit wurde ich Impressionist.

Das Ikonen-Moskau warf alle meine Theorien über den Haufen und führte mich zum dritten Stadium der Entwicklung. Über die Ikonenkunst verstand ich die emotionale Kunst der Bauern, die ich auch früher liebte, aber ich konnte nicht jenen ganzen Sinn begreifen, der sich mir nach dem Studium der Ikonen eröffnete. Wodurch warf diese Kunst mein Streben nach Natur, nach Wissenschaften, Anatomie, Perspektive, nach dem Studium der Natur durch das Zeichnen von Studien über den Haufen? Alle Blickwinkel auf die Natur und den Naturalismus der Peredwischniki[43] wurden dadurch umgestürzt, dass die Ikonenmaler, die eine größere Meisterschaft an Technik erreichten, den Inhalt in einer antianatomischen Wahrheit wiedergaben, jenseits der räumlichen und der linearen Perspektivik. Farbe und Form wurden von ihnen auf der Grundlage rein emotionaler Wahrnehmung des Themas geschaffen. Sie malten außerhalb aller Regeln, welche die Klassik und besonders die Akademie W. Makowskis und Repins aufgestellt hatten.[44] Ich stellte mir die ganze Linie von der großen Ikonenmalkunst bis zu den Pferdchen und Hähnchen der bemalten Wände, der Spindeln, der Kleider, präzise als die Linie bäuerlicher Kunst vor. Ganz genau so stellte ich mir eine andere Linie der Kunst vor, die ich Kunst der Menschen der Oberschicht, der Aristokraten und der Höfe nannte. Das war die antike Kunst. Die Renaissance. Die »Peredwischniki«-Bewegung bezog ich auf die mittlere Schicht der Gesellschaft, auf die Intelligenz und die revolutionär gesinnte

Schicht von Menschen. Diese ganze Linie hielt ich auch für hochstehend, doch mir schien die Renaissance und die antike Kunst eine Kunst für die Schönheit zu sein, doch in der »Peredwischniki«-Malerei sah ich eine Kunst der Propaganda und der Entlarvung des Staates und des Alltags. Weiter ging ich weder den Weg der Antike noch den der Renaissance noch den der »Peredwischniki«-Malerei. Ich blieb auf der Seite der bäuerlichen Kunst und begann, Bilder in einem primitiven Geist zu malen.[45] Zu Beginn, in der ersten Phase, ahmte ich die Ikonenmalerei nach.[46] Die zweite Phase war eine reine »Arbeitsphase«: Ich malte Bauern bei der Arbeit, bei der Ernte, beim Dreschen.[47] Die dritte Phase: Ich näherte mich dem »Vorstadt-Genre« an (Zimmerleute, Gärtner, Datschen, Badende).[48] Die vierte Periode ist jene der Aushänge in der Stadt (Fußbodenreiniger, Zimmermädchen, Lakaien, Bedienstete).[49]

Ich kehre zurück in die Phase der Kommune und ihres Alltags.

Die Kommune war eine echt hungrige Bohème. Meinem Geschmack nach schaute ich wie ein Hinterwäldler aus. Aber ich musste nicht jeden Tag Speck und Knoblauch kaufen. Die Kommune sammelte Geld für Suppenknochen, die der Künstler Iwan Bochan besorgte.[50] Die Metzger fragten ihn »für Hunde oder für Menschen?«, was ihn sehr in Verlegenheit brachte. Suppe kochten sie oft. Manchmal ernährte sich die Kommune in der Kantine der Lehranstalt. Ein Mittagessen war nicht teuer, zwölf Kopeken: Buchweizengrütze mit Butter oder Schweinefett und Borschtsch mit Fleisch.

In einer solchen Umgebung arbeitete ich, man kann nicht sagen ruhig, aber dennoch arbeitete ich. Ich träumte schon davon, alles schneller bis zum Frühjahr zu schaffen, um nach Kursk fahren und wieder Geld für den Herbst verdienen zu können; im Sommer aber wollte ich Studien malen und mich wie ein Mensch ernähren.

Die Revolution des Jahres 1905.[51] In der Kommune gab es auch Unruhe und Aufregung, es begann eine Selbstaufstachelung, dass man auf die Straße ging. Ich stand an der Staffelei und setzte meine Malarbeit fort. Die Spannung wuchs. Fedosja (die Köchin) trug uns die hauptsächlichen Informationen zu. Sie berichtete uns von der Entwicklung der Ereignisse in Richtung der Schwarzen Hundert (der Hausmeister war ihr Freund). Neben unserer Kommune war ein Studentenwohnheim von irgendeinem Ingenieur-Technikum.[52] Fedosja hatte Verbindungen zum Wohnheim und zu den nächsten benachbarten Hausmeistern, die sie heimlich über sich ankündigende Schrecken der Schwarzen Hundert unterrichteten (»Heute Nacht sollen Studenten abgestochen werden, sie könnten, das fehlte noch, auch Euch erwischen«). Wir ergriffen dagegen Maßnahmen, verschoben alle Gipsfiguren, den riesigen David, alle Venusfiguren, alle Bänke und Stühle und verbarrikadierten Türen und Fenster. Wir selbst zogen in die obere Etage und verbarrikadierten den Durchgang nach oben. Der Hausbesitzer, der Künstler Kurdjumow, verriet uns einen Geheimgang, durch den wir im Falle eines Angriffs von einem Haus ins andere und auf die Straße hinausgelangen konnten (das Haus der Kommune war im Hof).

Mein Verhalten begann eines der Mitglieder der Kommune zu verärgern, den Künstler Antonow.[53] Der Bursche war ein Prachtkerl, er schimpfte mich dafür, dass ich während der Zeit malte, wo es eigentlich nötig sei, auf die Straße zu gehen. Er war dürr, hochgewachsen (wenn er ein Beil nahm, konnte er wegen seiner Größe nirgends ausholen). Als er mir Vorwürfe machte, saß er mit untergeschlagenen Beinen auf dem Boden, trank Wodka und knabberte am Suppenknochen, an dem nur Knorpel und Sehnen waren. Er winkte mit diesem Knochen und rief dazu auf, auf die Straße zu gehen.

Die Anspannung wuchs. Es kam der Abend. Lichter zündeten wir keine an. Unter uns tauchte ein Student auf. Ich mache mich mit ihm bekannt. Kirill Schutko berichtete vom Verlauf der Revolution.[54] Ich gehe also auf der Twerskaja in die Stadt. An der Leontewski-Gasse kreist mich eine Schwarze Hundertschaft ein.[55] Ich trug einen Hut, einen Mantel mit Kragen, ein schwarzes Hemd und lange Haare:

– Bleib stehen, Sozialist!

Und einige Jagdmesser blitzten auf. Ich sagte ruhig:

– Bleib stehen! Habt ihr nicht etwas zum Rauchen?

Und hier überraschte ich sie mit dem ihnen wohlbekannten Geschimpfe. Einer holte eine Papirossa heraus, ich steckte sie in den Mund, er holte ein Zündholz aus der Tasche, schimpfte noch und ging (ich war kein Raucher).

Ich kam nach Lefortowo, in die Kommune. Eine unruhige Nacht, Schüsse waren zu hören. Am Morgen begannen die Kämpfe. Viele der »Kommunarden« verschwanden. Antonow stritt sich mit mir, nahm die Axt, mit der er übte und sich zum Kampf vorbereitete, und ging auf die Straße hinaus. Er packte einen Kutscher und befahl, ihn zum Roten Tor zu bringen (zu den Barrikaden). Später passierte es, dass ihn Polizisten in der nächsten Quergasse aufhielten.

Ich bekam einen großkalibrigen Revolver und Kugeln. Es herrschte echter Krieg. Ich schloss mich der Gruppe an, deren Taschen voll mit Kugeln und Revolvern verschiedener Systeme waren. Dieser Gruppe schlossen sich auch noch Freiwillige an. Wir gingen zum Roten Tor. Dort wurde gekämpft. Man ließ uns zum Sucharew-Turm zurückkehren. Wir sollten uns um den Platz am Sucharew-Turm kümmern und die Sadovaja an der Meschtschanskaja Nr. 2 absperren. Man postierte uns (einige Leute) an der Sretenskaja zur Beobachtung. Die Zäune begannen zu krachen, Barrikaden wurden aufgetürmt. Das begann gegen Abend. Wir bemerkten, dass sich entlang der Sretenskaja Soldaten bewegten. Wir wichen in die Durchgänge des Sucharew-Turms zurück. Die Soldaten näherten sich schnell, kamen zum Platz. Man hörte einen Befehl, und die Soldaten hielten die Gewehre im Anschlag. Wir verständigten die Barrikade. Ein Augenblick, auch bei uns wurde ein leiser Befehl gegeben. Sie gaben eine Salve ab. Die Soldaten, obwohl sie bereit waren, hatten keine derartige Frechheit erwartet. Wir schossen ein ums andere Mal. Ich verschoss schnell meine fünf Kugeln, mit denen der Revolver geladen war. Nachladen mussten wir bereits nicht mehr: Die Soldaten hatten uns entdeckt und feuerten in den Durchgang. Trotz ihres Feuers trafen ihre Kugeln niemanden von unserem Posten, nur der Stuck bröselte. Wir befanden uns bei den Barrikaden, aber die Soldaten, die in einer Kette ausbrachen, schossen. Wir erwiderten auch gehörig, die Kugeln pfiffen uns um die Ohren. Nach jeder Salve von ihrer Seite wollte ich hochspringen, als würden ihre Kugeln die Füße treffen. Der Schusswechsel war kurz, da viele wegliefen. Es gab Verwundete und Tote.

Unsere Gruppe hörte auf zu schießen und zog sich in den Hof eines Hauses zurück. Wir schlossen das Tor, packten die Leiter im Hof und begannen, über den Zaun in den Nachbarhof hinüberzusteigen. Die Barrikade wurde von Soldaten besetzt, doch unsere Gruppe gelangte fast ganz in den Nachbarhof, sie fasste den Entschluss, auf die Sretenskaja zu gehen und von hinten zu kommen. Die Soldaten kamen auf den Hof. Wer nicht rechtzeitig hinüberklettern konnte, flüchtete wohin er konnte. Ich betrat den erstbesten Hauseingang, um auf das Dach zu steigen und mich über die Regenrinne auf die Straße hinunterzulassen.

Es gibt Zufälle, die Menschen aus den ausweglosesten Lagen herausführen.

Ein solcher Zufall widerfuhr mir. Ich war in den zweiten Stock hochgestiegen und las am Türschild den Namen meines Bekannten. Ich war so verblüfft, dass mich ein Schrecken packte, der sich mit der Hoffnung verband, dass ich aus dieser Situation herauskommen könnte. Aber was sollte ich tun, klopfen oder den Speicher suchen? Ich beschloss, den Speicher zu suchen, doch gab es keinen Aufgang zu ihm. Ich stehe auf der Leiter und horche: Kommt jemand? Ich zählte meine Kugeln, es waren fünf oder sechs. Niemand kam. Ich beschloss zu klopfen. Man macht mir die Türe auf.

– Was ist mir dir, wie bist du durchgekommen? Hast du einen Revolver?

– Ja!

– Das ist schlecht, sie werden eine Durchsuchung machen. Pass auf, zieh dich aus, lege die Pistole unter den kleinen Teppich bei der Schwelle im Vorraum. Zieh den Mantel aus, das Hemd, und zieh die Weste an.

Ich füge mich, es ist keine Zeit für Fragen. Er legte auch das Jackett ab und blieb in der Weste. Dann holte er Tabak und zündete ihn an. Es gab viel Rauch. Es entstand der Eindruck, dass wir schon den ganzen Tag über dasaßen, rauchten und tranken. Er brachte Wodka, Wurst und Gurken.

– Setz dich hin und trink.

Wir tranken, und der Alkohol durchdrang mich bis zu den Fersen, ich war hungrig, in solchen Fällen dringt der Wodka immer bis zu den Fersen vor. Er begann zu singen. *Auf dem Feld stand eine Birke* (*Kalinka-Malinka*). Ich singe den Bass dazu.

– Sing lauter.

Es klopft an der Tür. Laut, ohne aufzustehen: »Kommen Sie herein!« (Die Türe hat er, stellt sich heraus, absichtlich unverschlossen gelassen.) Ein Unteroffizier kommt herein, in den Händen einen Revolver. Zwei Soldaten.

– Sind Flüchtige da?

– Was für Flüchtige? Möchten sie nicht ein flüchtiges Gläschen? Ich habe heute Namenstag und mit dem Freund feiern …

Der Zorn des Unteroffiziers verwandelte sich sogleich in Freundlichkeit, er trank eins, dann stellte er das Glas wieder hin, und wir mussten ein zweites einschenken. Ich saß da breit auf dem Stuhl, summte *Kalinka-Malinka* vor mich hin und gestikulierte ein wenig.

– Siehst du, ihn hat's schon erwischt …

Der Unteroffizier war beruhigt, alles in Ordnung. Er wischte sich die Lippen ab, verabschiedete sich und rief den Soldaten zu: »Zum Ausgang!«

So behielten wir dieses Bild des ersten Aktes in der Erwartung von Zuschauern die ganze Nacht hindurch.

Am Morgen ging ich der Hausherrin zur Hand, die in den Laden ging, und nahm ihren Korb. Wir gingen vom Hof, als sei nichts gewesen. Auf der Straße stand ein untersetzter Offizier mit einem großen Kopf und Soldaten …

Ich fuhr wieder nach Kursk und setzte den Impressionismus fort. Die Natur im Frühling, im April und Anfang Mai, liebte ich sehr. Ich ging schon nicht mehr Skizzen anfertigen, sondern arbeitete im Garten mit den Apfelbäumen bei dem kleinen Häuschen, das ich für zwölf Rubel im Monat gemietet hatte. Dieser Garten war mein eigentliches Studio.

Kwatschewski, mein bester Freund, kam und schimpfte. Er konnte meine blauen Töne nicht ausstehen, schließlich und endlich konnte ich ihn aber überzeugen. Seine Farbskala veränderte sich in Richtung Impressionismus und er malte schöne Skizzen. Seine Arbeiten sind im Museum von Kursk gesammelt.[56] *Jasnaja Poljana* ist seine beste Arbeit, man könnte sie bei jeder beliebigen Ausstellung in der Hauptstadt zeigen (er ist schon vor Langem gestorben).[57]

In meinem Gartenstudio habe ich weiter am Impressionismus gearbeitet.[58] Ich verstand, dass das Wesen des Impressionismus nicht darin liegt, jedes Detail einer Erscheinung oder eines Gegenstands bis ins Kleinste nachzumalen, sondern dass alles an der reinen malerischen Faktur liegt, an der reinen Beziehung meiner ganzen Energie zu den Erscheinungen, allein an ihrer malerischen Qualität, die sie in sich trugen oder die sie enthielten. Mein ganzes Schaffen glich einem Weber, der eine erstaunliche Faktur reinen Stoffs webt. Der Unterschied liegt nur darin, dass ich diesem reinen malerischen Gewebe eine Form gab, die sich aus einem emotionalen Bedürfnis und aus malerischen Qualitäten ergab, nicht aus anderen Qualitäten. Ich lernte, dass einen Maler immer ganz allein die malerische Qualität reizt. Das ist seine reine Kultur, alles andere ist Beiwerk, ist das, was man ihm zu formen anbietet. Zum Beispiel das Thema, das als Ziel hat, mit malerischen Mitteln etwas auszudrücken, sagen wir die Psychologie eines posierenden Menschen, die

Philosophie einer Weltanschauung zu illustrieren, Anekdoten des Alltags oder das Heldentum der Massen.

Ich trennte diese zwei Seiten der Kunst und bestimmte, dass malerische Kunst allgemein aus zwei Teilen besteht. Der eine Teil ist rein – wie eine solch malerisch reine Formung, der andere Teil besteht aus einem gegenständlichen Thema, das Inhalt genannt wird. Gemeinsam bildeten sie eklektisch Kunst, eine Mischung aus Malerei und Nicht-Malerei. Die Wirklichkeit wurde für mich nicht jene Erscheinung, die man genau wiedergeben musste, sondern sie wurde zu einer rein malerischen Erscheinung. Deshalb spielten alle anderen Eigenschaften eines Gegenstands nicht die Hauptrolle und traten nur insofern in Erscheinung, als ihre Konturen durch malerisches Schaffen nicht zur Gänze in ein malerisches Aussehen umgearbeitet werden konnten. Durch meine Arbeit am Impressionismus erkannte ich, dass das gegenständliche Bild niemals eine Aufgabe des Impressionismus war. Wenn es noch seine Ähnlichkeit behielt, dann nur deshalb, weil der Maler jene Form noch nicht kannte, die die Malerei »als solche« repräsentierte und keine Assoziationen mit der Natur und Gegenständen wecken würde; sie sagte nichts über die gegenständliche Wahrheit aus, über Illusionen; es sollte keine Illustration oder Erzählung sein, sondern ein gänzlich neues schöpferisches Faktum, eine neue Wirklichkeit und eine neue Wahrheit.

Der Impressionismus brachte mich dazu, dass ich die Natur von Neuem mit neuen Augen erblickte, und sie rief in mir neue Reaktionen hervor, entflammte meine geistige Energie zum Schaffen, zur Arbeit an einer völlig anderen Seite einer Erscheinung.

Ich analysierte mein Verhalten und bemerkte, dass ich eigentlich an der Befreiung des malerischen Elements aus den Konturen der Naturerscheinungen arbeitete und an der Befreiung meiner malerischen Psyche aus der Macht des Gegenstands. Aber es kamen mir noch ein anderer Gedanke und ein anderes Gefühl, sodass ich vor dieser Art von Malerei erschrak und die Frage stellte, in welche von den Konturen des Gegenstands befreite Form ist denn die Malerei hineinzulegen und kann man eine solche Form finden?

Die vorangehenden Schulen und die »Peredwischniki«, in die ich verliebt war, machten es so: Sie wählten sich ein passendes Thema (*Christus und die Sünderin* von W. Polenow, *Die Auferstehung der Tochter Iairs* von I. Repin), und sie brachten die Malerei in die Form dieses Themas. So machte es auch Rembrandt (*Der verlorene Sohn*)[59]. Aber diese Meister machten das Thema zum hauptsächlichen Inhalt, den man durch Malerei ausdrücken musste. Ich kam zu etwas anderem. Ich wollte die Malerei unter keinen Umständen zu einem Mittel machen, sondern alleine zu einem eigenwertigen Inhalt. Der Maler Ge drückte in seiner *Kreuzigung* das Gefühl seiner Malerei aus, kleidete es in sein eigenes Thema. So drückte er im *Letzten Abendmahl* den Lichteffekt aus, für den er die Figur des Judas benutzte, der zum Mittel wurde, einen Lichteffekt zu erzielen.[60] In diesem Bild erkannte ich eine andere Haltung: Ich erkannte, dass man auch das Thema zum Mittel machen konnte. Genau genommen lebten Ge und einige andere Künstler aus dem Gefühl der reinen Malerei, aber sie konnten sich die Existenz der Malerei als solche, als gegenstandslose, nicht vorstellen. Sie lebten aus einem gegenstandslosen Gefühl, machten aber gegenständliche Sachen. Ich befand mich auch in dieser Lage, mir schien es immer, dass die Malerei in reiner Form gleichsam leer sei, dass man notwendigerweise einen Inhalt in sie hineinlegen musste. Aber andererseits ließ mich der emotionale Gefühlssturm der Malerei die Bilder nicht in ihrer gegenständlichen Ordnung sehen, besonders dann nicht, wenn das Thema nicht malerischen Ursprungs war. Die Einbeziehung von Gegenständen wurde zum Objekt der strengen Kritik, und ich suchte andere Möglichkeiten, nicht außerhalb, sondern direkt im Kern des malerischen Gefühls, als erwartete ich, dass früher oder später die Malerei selbst die Form liefern würde, die aus den Eigenschaften der Malerei erwachsen sollte und die elektrische Verbindung mit dem Gegenstand, mit nicht-malerischen Assoziationen meiden würde. Diese Position führte mich immer weiter und weiter vom akademischen Studium der Natur weg, von der Naturalisierung und vom Illusionismus. Die Bekanntschaft mit der Ikonenkunst überzeugte mich davon, dass es nicht um das Studium der Anatomie und der Perspektive geht, dass es nicht darum geht, dass die Natur in ihrer Wahrheit wiedergegeben wird, sondern dass es um das Fühlen der Kunst und des künstlerischen Realismus geht. Mit anderen Worten, ich sah, dass die Wirklichkeit oder das Thema das ist, was man neu in eine ideale Form kleiden muss, die aus der Tiefe der Ästhetik hervorgeht. Deshalb kann in der Kunst alles schön sein. Alles nicht Schöne, das auf der kunstvollen Ebene der Kunst realisiert wird, wird schön.

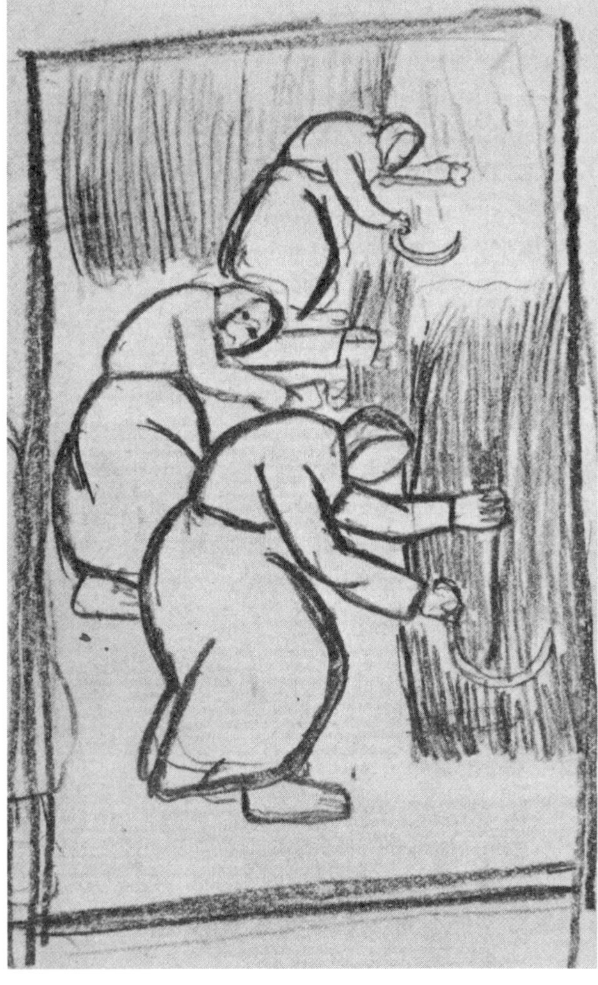

## II

Das Jahr 1910 war ein Jahr, in dem die Jugend schon eine hohe Entwicklungsstufe einer Cézanne'schen malerischen Haltung zur Welt erreicht hatte. Diese Jugend trat mit einer gewaltigen Ausstellung ihrer Gemälde öffentlich auf. Die Ausstellung mit dem Titel »Karo-Bube« wurde prachtvoll organisiert. Die Malerei glich einer mehrfarbigen Flamme, der weiße Kaliko-Hintergrund verlieh ihr eine große farbige Klarheit, eben dadurch bestimmte sie ihre malerische Kraft. »Karo-Bube« bedeutete: »Bube« – Jugend und »Karo« – Farbe.[61]

Die in ihrem malerischen Geist stärkste Jugend vereinte sich unter der Flagge des »Karo-Buben« und sah in ihm eben die Welt, wie die Malerei, wie die Farbe.[62] Wer sich an diese Ausstellung erinnert, der wird seinen Eindruck davon nicht vergessen. Viele Betrachter waren dermaßen verblüfft darüber, dass sie die Malerei aus dem Gleichgewicht brachte. Die Farbe verblüffte, begeisterte das Hirn, das an die leise monotone Malerei der Peredwischniki gewöhnt war.

Ja, das war eine Ausstellung, von der man sagen kann, dass so eine die Welt zum ersten Mal sah. In ihrem Umfang, in Form und Farbe schlug sie alle

Ausstellungen des Westens, auch wenn sie sich unter dem Einfluss der Malerei Cézannes entwickelte. Die Haltung Cézannes zur Welt nahm in der russischen Jugend eine rasante Entwicklung. Die Kraft Cézannes entfaltete in der Jugend gleichsam aus Trägheit eine derartige Intensität der Gefühle, dass man die Eröffnung der Ausstellung »Karo-Bube« mit dem Ausbruch des stärksten Vulkans vergleichen kann.

Eine gesonderte Gruppe bildeten in der Ausstellung Kontschalowski, Maschkow, Roschdestwenski, Kuprin und Lentulow, die viele große und kleine Kunstwerke ausstellten. Das war die Gruppe mit einer Cézanne'schen Haltung zur Welt.[63] Doch »Karo-Bube« lässt sich nicht nur als eine Gruppierung mit einer Cézanne'schen Haltung zur Welt bestimmen. »Karo-Bube« ist – wie sie die Kritik bezeichnete – das Banner, unter dem sich die ganze »linke« Jugend der russländischen Malkunst sammelte. Mit dem Begriff »links« wurde diese Gruppierung gleichsam von der politischen revolutionären Seite betrachtet und den damals äußersten linken Politikern zugerechnet. Natürlich legte ein solcher Begriff nichts Genaues innerhalb der Gruppierung fest. Ganz im Gegenteil, alle parteilichen Gruppierungen der verschiedenen Richtungen liebten damals die Haltung Schischkins zur Welt, Repins, Aiwasowskis, Bodarewskis, Bogdanow-Bielskis, Orlowskis und Kratschkowskis.

Ein anderer Teil der Gesellschaft begann mit Serow, Korowin und Schukowski zu leben, ein dritter mit Al. Benua, Golowin u. a. Vertretern der »Welt der Kunst«. Die vierte Gruppe lebte mit der »Blauen Rose«, mit Pawel Kusnezow, Matwejew, Utkin und Bromirski. Die letzte Gruppe stellte sich bereits als Protestbewegung gegen die »Welt der Kunst« dar. »Karo-Bube« war die einzige Kunst, mit der sie auch lebten, doch die Intelligenz brachte dieses Leben in einem verrückten Aufruhr von Entrüstung zum Ausdruck. In ganz Russland heulte die Presse wie hungrige Wölfe.

So also organisierte sich unter »Karo-Bube« die ganze neue Jugend mit einer neuen Haltung zur Welt der Erscheinungen, also mit einem neuen Standpunkt zur Kunst. »Karo-Bube« war wirklich der erste wütende Vulkan auf der Lichtung eines hundertjährigen Ausruhens der darstellenden Kunst mit ruhigen lyrischen Landschaften, Hirtinnen, die Hammel weideten, mit Sonnenuntergängen, einem aufgehenden ukrainischen Mond, mit dem Besingen der Liebe, mit dem psychologischen Porträt, mit der Auslegung verschiedener lehrreicher Moralvorstellungen und Wahrheiten, mit dem Leben eines vergangenen Alltags mit einem ebensolchen Mond.

»Karo-Bube« stellte nicht die einzige Richtung dar, unter deren Banner gab es schon Keime neuer Gruppierungen und künftiger Ausstellungen, es wurden aber auch rücksichtslose Kriege von Gruppen untereinander eröffnet. Deshalb erwähnte ich zwar Kontschalowski, Maschkow, Roschdestwenski, Kuprin und Lentulow, nicht aber Burljuk, Larionow, Gontscharowa und Malewitsch.[64] Gewöhnlich glaubten alle Kritiker, dass »Karo-Bube« von Cézanne geprägt sei, dass unter diesem Banner die Schule einer Cézanne'schen Welthaltung existierte, aber in Wahrheit war »Karo-Bube« die Versammlung der ganzen neuen Jugend der Malerei mit verschiedenen Prinzipien und verschiedenen Haltungen zur Welt. Zugegeben, diese Prinzipien waren im Moment der Vereinigung noch nicht so reif, dass man sogleich eine prinzipiell eigene Gruppe schaffen konnte. Ein sehr klares und deutliches Gefühl des Revolutionären auf dem Feld der Kunst ordnete sich dieser Unklarheit unter und vereinte alles Lebendige, das geeignet war, dem eigenen Schaffen eine neue Form zu geben und geeignet, für die neue Kunst zu kämpfen, für die Bestimmung der Malerei als solcher, für einen ausschließlich malerischen Inhalt und eine malerische Haltung zur Welt. Die Malerei wurde zum einzigen Inhalt des Malers. Und allein auf der Grundlage dieser malerischen Beziehung begannen wir den ganzen hundertprozentigen Inhalt im Werk der Malerei auszudrücken. Doch Letzteres gehörte mehr zur Cézanne'schen Philosophie der Malerei, die ein Teil des »Karo-Buben« entwickelte.

Diese Philosophie der Malerei unterstützten insgesamt auch andere Gruppierungen. Diese Gruppierungen hatten jedoch andere Einstellungen und Zielrichtungen. Zum Beispiel galt die hauptsächliche Ausrichtung Larionows und der Gontscharowa und derer, die sich ihnen anschlossen, nicht dem Westen, sondern dem Osten. Auch meine Ausrichtung war eine östliche.[65] Larionow und Gontscharowa betonten die nationalen Züge der russischen Kunst. Auf dieser Grundlage begann sich die prinzipielle Nichtübereinstimmung zwischen Cézanne-orientierten Westlern und dem Nationalismus Larionows und Gontscharowas zu vergrößern.[66] Zwar wurde das nicht allzu deutlich hervorgehoben, da keine Ausstellung »nationaler Maler« ausgerichtet wurde. Das zeigt, dass die nationale Bewegung nicht ganz und gar als solche anerkannt wurde. Doch die Kunst von Larionow, Gontscharowa und Bart trug diesen Charakter.[67] Wegen dieses Charakters wurde Larionow und Gontscharowa zugesetzt, eine Gruppe zu bilden, deren Kunst stärker den russischen, östlichen als den europäischen Charakter unterstreichen sollte. Der eigentliche Kern dieser neuen Gruppierung bestand aus uns dreien: Larionow, Gontscharowa und mir. Im Jahr 1912 veranstaltete Larionow eine Ausstellung unserer Gruppe, die er »Eselsschwanz« nannte.[68] Jeder von uns stellte mindestens 60 Gemälde aus, überwiegend aus dem

Alltag von Bauern.[69] Dadurch hatte die Ausstellung eine nicht so sehr rein malerische Tendenz, sondern war Ausdruck nationaler geistlicher Züge bäuerlicher Antlitze, in denen sich die Form spiegelte, die einerseits von der Ikonenkunst kam, andererseits von den Ladenschildern. Unsere Gespräche in der Gruppe verliefen immer über diese Linie des Studiums der Ikonenkunst und von dort nach Byzanz und weiter, tief hinein in den antiken Geist. Der Kreis unserer Kunst begann bei der Antike und führte über die Ikone und die bäuerliche Kunst zu den zeitgenössischen Bauern.[70] Natürlich war der Einfluss der westlichen Kunst auch auf die Gruppe »Eselsschwanz« groß, aber der Cézannismus sowie die ersten Stadien des Kubismus waren nur Methoden des Ausdrucks des geistlichen Inhalts der Bauern.

Gontscharowa und ich arbeiteten mehr auf dieser bäuerlichen Ebene. Sie malte *Fruchtlese*, ich *Ernte*, *Heuernten*, *Begräbnis* usw. Jedes unserer Werke trug seinen Inhalt in sich, unsere Leute, wenn sie auch in primitiven Formen ausgedrückt waren, verkörperten eine soziale Ebene.[71] Darin lag auch eine große prinzipielle Divergenz mit der Künstlergesellschaft »Karo-Bube«, deren Linie zu Cézanne führte und in der absoluten Gegenstandslosigkeit enden musste. Doch in der Folge gingen sie nicht weiter und blieben beim Cézannismus als talentierte Epigonen seiner Schule stehen.

Die Jahre 1908, 1909, 1910 und 1911 waren furchtbar unbeständig. Innerhalb eines halben Jahres änderten sich alle Grundsätze und die Beziehung zur Welt. Manchmal musste man weit vorangehen und wieder zurückkehren, um eine neue Beziehung zu ein und derselben Erscheinung aufzubauen, die früher und danach als Thema diente. So waren zum Beispiel auf der Ausstellung von 1912 Arbeiten von mir, die ich bis 1910 gemalt hatte, obwohl ich im Jahr 1910 schon räumliche, kubusförmige Arbeiten malte.[72] Man musste sich sowohl auf der Linie der primitiven Beziehung zu Erscheinungen bewegen als auch auf der Linie Cézannes zum Kubismus.[73] Gerade in dieser Zeit entstand in der Kunst eine neue Strömung, deren Kraft nicht geringer war als jene des Kubismus, im Witz ebenso wie in der Entdeckung einer für uns neuen Welt, der Welt der Betriebe und Fabriken, der Motoren, des Rauchs, des Gases und der Elektrizität. Der Futurismus lehrte uns nicht nur, eine neue Welt zu sehen, sondern er begann uns auch beizubringen zu sprechen, aufzutreten, öffentlich Reden zu halten. Uns Maler vereinte der Futurismus mit den Dichtern (David Burljuk, Chlebnikow, Majakowski, W. Kamenski, A. Krutschonych). Jetzt ist schon die Zeit, in der sich die Wogen geglättet haben, und es ist sogar schwer, das wiederherzustellen, und die Beschreibung auf einen derart hohen, mutigen, energisch-kämpferischen Spannungspunkt zu heben, wie er es damals war. Die futuristische Gruppierung war ziemlich groß. Es gab viele Versammlungen, in denen eine große Zahl, besonders aktueller Auftritte diskutiert wurde. Auf jeder Versammlung wurden die Methoden des Kampfes mit der in der Gesellschaft etablierten Ordnung und ihrer Beziehung zur Kunst diskutiert. Hauptaufgabe all unserer Auftritte war es, eine neue Kunst zu verankern, ihre Unabhängigkeit von der Gesellschaft unter den Künstlern zu provozieren, die Rechte der unabhängigen Kunst und des neuen Rechts des Malers selbst wiederherzustellen. Die Orientierung an der Logik der Gesellschaft und ihrem ästhetischen Geschmack hielten wir für ein Verbrechen. Nicht nur die Welt der Kunst, sondern die Welt des ganzen Lebens sollte in ihrer Form und ihrem Inhalt neu sein. Der Kampf um diese neuen Formen sollte nicht anders verlaufen denn als Beseitigung der ganzen Heiligkeit der Kunst der Vergangenheit.

Natürlich erkannten alle neuen Gruppen insgeheim die großen Meister an, die weder die Gesellschaft noch die Machthaber jemals verstanden. Uns war ganz klar, dass die damaligen Machthaber, die gesamte Aristokratie und Intelligenz, an der alten Kunst nur den Inhalt ihrer Zeit, das Anekdotische des Alltags wahrnahmen, mit dem alle Ausstellungen übervoll waren.

Jeder unserer Auftritte schlug eine Bresche in die gesellschaftlichen Stützpfeiler der Ästhetik und in die Beziehung zur Kunst.

Wir, die Futuristen, waren doch alle von der alten »Wandermaler«-Schule erzogen, deshalb war uns alles gut bekannt: sowohl die Haltung des Künstlers zur Farbpalette als auch der Platz, den der Künstler in der Gesellschaft einnahm, auch die Forderungen dieser Gesellschaft an den Künstler, und seine Psychologie und seine Überzeugung, seinem Volk durch wunderschöne Werke dienen zu wollen.[74] Wir wussten, welche Ideen an der Wurzel dieser Gesellschaft im Hinblick auf die Kunst lagen: Sie sollte den Inhalt des Lebens in verständlichen ästhetischen und künstlerischen Formen widerspiegeln und ausdrücken. Wir wussten, in welcher Abhängigkeit sich ein Künstler dadurch befand, dass offen war, ob seine Werke verstanden wurden oder nicht. Larionow, Gontscharowa, ich und andere erörterten diese Fragen nicht nur einmal und kamen zu der Überzeugung, dass die Kunst frei sein musste, vor ihrem Angesicht durfte nichts verborgen und verboten sein: Der Künstler ist eine Persönlichkeit, die frei ist von all dem, was nicht malerisch gebaut ist, sodass sich alle seine Aufgaben und Abhängigkeiten nur Aug' in Aug' mit der Kunst der Malerei befinden, sodass es für ihn keine andere Abhängigkeit gibt als allein seine malerische Beziehung zur Welt, sodass ihn kein

Inhalt einer politischen Beziehung zum Zustand der sozialen Bedingungen betrifft, sodass diese Linie der politischen Beziehung als selbstständige Schöpfung ebensolcher Gruppen in Erscheinung tritt, wie wir sie sind, Maler, Dichter, Musiker.[75] Wir teilten jede Art, mit der sich der Mensch oder die Menschen geltend machen, nach den Arten seines Schöpfertums ein, die er in der Gesellschaft verankerte. Ich war immer erstaunt darüber, dass der Ikonenmaler seine Kunst dem Dienen und der Agitation religiöser Weltanschauungen widmete und es nicht den Anhängern der Religion überließ, mit eigenen Händen besondere Formen auszuarbeiten, die sie benötigten. Ich sagte in der Gruppe, dass wir keinerlei Hilfe zum Ausdruck unserer malerischen Schöpfungen von anderen Ideengebern verlangten. Wir richteten die Aufmerksamkeit auch darauf, wie, sagen wir, eine bestimmte Idee, eine politische oder eine religiöse, einen Maler in seine Gruppe brachte, in ihm den der Idee nötigen Künstler erzog, der die notwendigen Bilder schaffen würde, natürlich in einer rein künstlerischen Art. Die darstellende Kunst war der einen oder anderen politischen oder religiösen Idee notwendig, da das eine wie das andere mit dem Menschen zu tun hat, den die eine und andere Idee mit bestimmten Geschenken ausstatten möchte, mit Wohlergehen. Die Kunst ist zur Darstellung dieses Wohlergehens notwendig, und zwar unter einem bestimmten Gesichtspunkt, nämlich allein in der Sättigung einer gegebenen herrschenden oder sich zum Herrschen anschickenden Weltanschauung. Der Künstler ist ein einfacher Meister, der in Bildern die eine oder andere politische Weltanschauung wiedergibt.

Das alles hatten wir in der Vergangenheit gefunden, und das erschien uns immer weniger möglich. Das Studium der neuesten Ideen der Malerei ließ uns in ihnen die Unvereinbarkeit entdecken, den Widerspruch zwischen der politischen oder religiösen Idee. Schon seit dem Cézannismus erkannten wir die wachsenden Widersprüche zwischen ökonomischen und malerischen Ideen. Dass sie ihrer Natur nach völlig verschieden sind und dass ein Kontakt nur auf der Linie von Wirtschaftskriegen möglich sei, aber nicht auf dem Gebiet der Kunst: Sie musste frei sein. Diese Freiheit drückte sich in neuen Künsten aus.

Ich sagte damals, sollte ich Revolutionär werden, das war im Jahr 1905 der Fall, dann würde ich mich nicht mit dem Pinsel schlagen, sondern mit dem Revolver, doch Bilder würde ich malen, die zu meinem Empfinden passten.

Revolutionär nannte ich solche Werke, die die alte Ordnung durch eine neue ersetzten. Das neue System der Wechselbeziehungen zwischen Menschen, die Ordnung der ganzen materiell-wirtschaftlichen Basis. Natürlich baut diese ganze

Wechselbeziehung auf einer bestimmten Ideologie auf, und deshalb fördert sie die Widerspiegelung des ganzen Lebens durch Künstler, das durch diese Ideologie geprägt ist. Deshalb hielten wir, die Künstler, wir, die Futuristen, die Beeinflussung in einem solchen Sinne für falsch. Wir betrachteten das Bild als reinen Ausdruck malerischer Emotionen, die wir aus der Wechselbeziehung des Gesehenen und des vom Künstler in seiner Emotion Umgestalteten empfingen.[76] Wir traten in erster Linie gegen die Klassiker der Renaissance und gegen die antike Kunst auf. Wir kämpften gegen ihre Einstellung, gegen ihre Haltung zur Welt und zur Gesellschaft. Genauso kämpften wir gegen die Grundsätze in der Kunst der Zeit des Klassizismus, deren Verhältnisse von Jahrhundert zu Jahrhundert auf die neuen Generationen übergingen. Deswegen traten wir auch öffentlich gegen die zeitgenössische Gesellschaft auf, weil es in ihren Einstellungen gegenüber der Kunst Schatten gab. Wir traten auch öffentlich gegen Künstler auf, die sich den Forderungen und der Beziehung zur Gesellschaft unterordneten. Aber wir kämpften niemals gegen die Volkskunst und gegen Ikonenmaler und gegen talentierte Schildermaler. Darin liegt gleichsam eine gewisse Seltsamkeit. Wir, Impressionisten, Cézannisten, Kubisten, Futuristen, die für eine neue malerische Haltung zum Leben kämpften,

kämpften nicht gegen den primitiven, ungebildeten Schildermaler, gegen die bäuerliche Kunst und den Ikonenmaler. In all deren Kunstformen gab es zweifellos überhaupt keine Dynamik, keinen Cézannismus und keinen Kubismus, aber wir hielten ihre Beziehung zur Welt für hochgradig emotional, außerhalb aller Rahmen akademischer Gelehrtheit geschaffen. Und diese Haltung hatten wir immer im Auge, weil sie ein großer Protest war und sich durch die Beständigkeit des Bauernkünstlers, des Schilder- und Ikonenmalers selbst auszeichnete. Sie bekräftigten ihre emotionale, in formaler Hinsicht große Kunst so, wie sie ihnen erschien, und sie zwangen die Gesellschaft, also den »Abnehmer«, ihren Stil, ein Thema auszudrücken, hinzunehmen, folgten aber nicht den vom Abnehmer aufgedrängten Forderungen in Hinblick auf Form und Ausdruck dieses Inhalts, den jener dem Maler vorgab. Diese Überlegungen stellten wir fast immer mit Larionow und Gontscharowa an. David Burljuk gehörte seiner Natur nach auch zum Stil einer bäuerlichen Haltung gegenüber Erscheinungen, er arbeitete mit denselben emotionalen Formen und fügte ihnen Elemente des höchsten, bereits kultivierten Einflusses der Malerei städtischer Schulen hinzu.

Alle Kunstformen der bäuerlichen Meister, der Schilder- und Ikonenmaler waren für uns richtig, und diese ganze Ausrichtung des freien emotionalen Schöpfertums legten wir sogar unserem Cézannismus, Kubismus und Futurismus zugrunde. Es wurden auch Fragen nach dem Kanon aufgeworfen, als hätte sie die Allerheiligste Synode in Bezug auf die Künstler der Ikonenmaler gestellt.[77] Doch wir überzeugten uns davon, dass die kanonischen Vorschriften zuerst unter den Malern entstanden; d. h. wenn der Auftraggeber ein religiöses Thema vorgab, dann gab er damit nicht den Malkanon vor, er sagte nichts über den perspektivischen Bau der Gebäude, über die maßstabsgerechte Beziehung der Gebäude zueinander, der Menschen zu den Häusern, den Bergen, den Weiten, er sagte nichts über die Anatomie, über die Luft.

All das lag beim Ikonenmaler und daran, was und wie er das Thema in seinen eigenen emotionalen Gefühlen darstellte und sie ästhetisch ausdrückte. Die besten dieser Werke wurden als Muster genommen und kanonisiert. Aber trotz der Kanonisierung hatten wir Spielarten ein und desselben Themas, das von verschiedenen Ikonenmalern ausgeführt wurde.

Nachdem wir das alles analysiert hatten, haben wir herausgefunden, dass die Beziehung zum Maler, zum herausragenden Schöpfer deshalb eine vertrauensvolle war, da es seine Sache blieb, »wie« er etwas darstellte.

Diese Beziehung änderte sich zweifellos nach und nach. Die Gesellschaft entwickelte sich kulturell, entdeckte zu ihrer Zeit auch die Perspektive, die Anatomie, kam zum Naturalismus, zu der an den Maler, Dichter und Komponisten gerichteten Forderung, Erscheinungen als lebendige auszudrücken. Man entfernte sich von allgemeinen Zuständen und vom Erfassen des Ganzen im Allgemeinen, das in einem Werk ausgedrückt werden sollte. Nach und nach veränderte sich die Haltung zum Maler und es bildete sich ein Kanon heraus, aber der war tausendmal gefährlicher als jener Kanon, der von den Allerheiligsten Synoden verankert worden war. Gefährlicher war er deshalb, weil die Gesellschaft bereits zu fordern begann, Erscheinungen sollten in ihrem naturalistischen Aussehen gespiegelt werden. Diese Forderungen stellten den Maler zweifellos außerhalb aller emotionalen schöpferischen Möglichkeiten. Darin erblickten wir, die Futuristen, eine große Gefahr und ein ordentliches Joch für die Maler. Und jene Maler, die diese naturalistische Position verteidigten, weil sie der Mehrheit der Gesellschaft verständlich ist, nannten wir »Poltawaer Jungstiere«: Diese waren an das Joch gewöhnt und waren ohne das Joch weder der Gesellschaft noch sich selbst verständlich. Denn ohne Joch hielten sie sich für völlig unzweckmäßige und unnötige Erscheinungen.

Jene aber, die ohne Joch gingen, erklärten sie zu Parasiten.

Wir betrachteten die menschliche Gesellschaft nicht als ein Ganzes, sondern als zweigeteilt. Aus unserem Blickwinkel, jenem Burljuks, meinem, Gontscharowas und Larionows, gab es zwei Gesellschaften: jene der Intelligenz (die städtische) und die bäuerliche. Letztere bewerteten wir höher und stützten uns mehr auf sie. Mehr deshalb, weil unter den Bauern die Freiheit des Ausdrucks eine wirkliche Erscheinung war, jedes Gouvernement drückte seine emotionale Haltung auf seine eigene Weise aus. D. Burljuk sprach nicht nur einmal über die Trennung von Kunst und Staat, faktisch aber trennten sie sich von selbst.[78] Bereits bei der Entwicklung des Impressionismus hatte nicht nur der Staat überhaupt nichts mit der Kunst zu tun, sondern auch die Gesellschaft nicht.

Erst in der Folge schlug sich die Gesellschaft auf die Seite der Impressionisten, und der Staat begann, ihre Werke in Museen aufzunehmen.

Generationen von Malern wuchsen heran und schlugen wie Wellen an die Ufer, fielen zurück, in die Kunst als solche. Von den Ufern aus schaut die Gesellschaft auf die kommenden Wellen und erfreut sich an ihrer sinnlosen Schönheit, ihrem Lauf, daran, wie sie an das felsige Ufer schlagen, und an ihrem Verschwinden. So blickte sie auch auf die neueste Kunst, auf ihre Wellen. Aber sie schaute und ärgerte sich, denn in diesen Wellen sah sie ihr eigenes Abbild nicht. Weder Logik noch Moral noch Inhalt fand man in der neuen Kunst. Die Überlegung schien vergeblich, dass diese neueste Kunst Ergebnis einer Entwicklung oder eines Niedergangs sei, der den Maler zu einer inhaltslosen Kunst führte. Ganz im Gegenteil, Kunst und Künstler begannen sich als von der Macht des gesellschaftlichen Inhalts befreit zu empfinden.

Wir verstanden hervorragend, dass die Rolle der Kunst im Sinne der Agitation oder der Behauptung des einen oder anderen Inhalts des gesellschaftlichen Weltempfindens eine große war. Auch unsere eigene Kunst machten wir zur Agitationskunst. Zum Beispiel wurden speziell »alogische Bilder« gegen die Logik der Gesellschaft und ihre Haltung zur Welt gemalt. Am »Alogismus« arbeitete neben mir auch Alexei Morgunow. Die Jahre von 1912 bis 1915 waren jene des »Alogismus«. Diese Werke werden bis heute in den Museen aufbewahrt. Im Russischen Museum sind von mir *Kuh und Geige*, *Tanja badet, ganz wie in der Wurstfabrik* und von Morgunow *Schaljapin geht in die Sauna.*[79]

Im Kampf mit der Logik der Gesellschaft bildete sich die Logik der Kunst heraus, die Logik ihrer selbstständigen und spezifischen Beziehung zur Welt. Diese Besonderheit, die sie von allen anderen Beziehungen zur Welt unterschied, bestand darin, dass die Beziehung zur Welt in ihrer malerischen Qualität betrachtet wurde.

Diese malerische Beziehung begann bereits mit dem Impressionismus und setzte sich in Cézannismus, Kubismus und Suprematismus fort. Den Futurismus erwähne ich gar nicht. Seine Beziehung zur Welt unterschied sich von allen anderen dadurch, dass der Futurismus in der Welt nur seine dynamische Qualität offenbarte. Auf diese Weise erwies sich die Malerei bereits als Mittel des Ausdrucks dynamischer Empfindungen.

Der Futurismus drückte sich als Weltempfinden in der Dynamik aus, in seiner Philosophie aber betrachtete er die ganze Welt und das gesamte menschliche Verhalten ausschließlich als dynamisch. Wir hielten den Futurismus für eine urbanistische Kunst, die mitten in den großen Industriestädten lebte. Im entlegenen Dorf war der Futurismus nicht vorstellbar. Die Natur, in der ein Futurist leben konnte, war ein metallischer dynamischer Boden.

Der Futurismus interessierte uns, aber in der Malerei gab es in Russland keinen Futurismus, denn einige Arbeiten, die ich gemacht hatte (*Der Schleifer*), Gontscharowa (*Die Bewegung der Kutsche, Die Stadt*, zwei, drei Arbeiten) und Kljun (*Vorbeiziehende Landschaft*), konnte man nicht als Bewegung ansehen. Sowohl Larionow als auch Gontscharowa, auch Schewtschenko und ich, wir beharrten immer noch auf rein malerischen Positionen, als die wir den Kubismus ansahen, den man wirklich als russische Strömung betrachten kann. Der Futurismus drückte sich vor allem im Verhalten aus, in der Beziehung zum gegebenen Zustand der Gesellschaft. Deshalb zeigte sich unser Futurismus weitaus mehr in öffentlichen Auftritten als in Werken. Alles zerstörten sie, die Maler wie die Dichter. In Russland hielt man alles, was nur der Natur nicht ähnlich war, für Futurismus. Wassili Kamenski versuchte, ein poetisches Werk futuristisch aufzubauen.[80] Aber auch diese Werke wurden nicht zu Trägern jener futuristischen Empfindungen, die den Inhalt des Futurismus bildeten. Majakowski kam dem näher. Er lärmte, radebrechte und erschütterte. Motor, Eisen, Stahl und Gusseisen drangen in seine futuristische Poesie ein, aber gemeinsam mit dem Motor drangen Elemente der Liebe ein, sie, die Augen, die Rothaarige.[81]

Der Inhalt des Futurismus war ein stahl-elektro-motorener. Darin ist das Erscheinen einer Gitarre, des Monds, einer Rothaarigen undenkbar, in ihm rauchten die Dampfrohre, gespannte Brücken wie Teufelssprünge über der Stahloberfläche des Wassers.[82] Davon wurde nichts im russischen Futurismus zum Ausdruck gebracht.

Der Futurismus entdeckte eine neue Kraft im Verhalten des Menschen, die man früher nicht kannte, er entdeckte die proletarische Welt und die industrielle Welt. Aber nicht Gegenstände und nicht Ideologie waren von Bedeutung für den Futurismus, nicht ökonomische Probleme, sondern das dynamische Problem. Diese dynamische Kraft wurde für den Futurismus zum einzigen Inhalt.

Der russische Futurismus bildet eine Mischung aller Formen, die in der Gesellschaft jener Zeit für Aufregung sorgten. Alle neuen Gruppierungen, die verschiedene prinzipielle Divergenzen hatten, waren für die Gesellschaft irgendwie zerstörerische Faktoren der darstellenden Kunst und erschienen als sinnloser Fauxpas ungeschickter Maler. Man muss sich daran erinnern, dass es damals die Kaiserliche Akademie der Bildenden Künste gab. Dieser Akademie unter der Leitung von Repin und Makowski hätte man unter keinen Umständen erlaubt, die Ideen des Cézannismus, Kubismus oder Futurismus zu entwickeln. Warum erlaubte sie das nicht? Deshalb, weil Repin und Makowski den ästhetischen Zustand der damaligen Gesellschaft ausdrückten, der fest und unverbrüchlich auf der bildenden Kunst basierte. Eine andere Kunst wurde nicht anerkannt.

Deshalb stieß das Auftreten einer ganz neuen Strömung in der Gesellschaft auf großen Widerstand. Daran kann man sehen, dass neueste Strömungen in der Kunst überhaupt keine Erscheinung sind, die durch die Lebensbedingungen der Gesellschaft entstehen, etwa durch die Stabilität oder Instabilität der Wahrheit ihrer Weltanschauung, und nicht die Gesellschaft führte die Kunst zu einer neuen Beziehung des Malers zur Welt.[83] Sie selbst [die Kunst] entwickelte sich gemäß ihrer Natur, gemäß der malerischen Psyche des Künstlers, gelangte zu ihrer wirklichen Wahrheit, ihrem Wesen, deren Sinn in der Entdeckung der gegenstandslosen Prinzipien der Kunst lag und der gegenstandslosen Beziehung des Künstlers zur Welt.

Alles in der Natur hat diese ungegenständliche Basis, aber der Mensch möchte sie gegenständlich machen. Die Idee, alles für sein persönliches und gesellschaftliches Wohl zu nutzen. Deshalb entstehen jetzt zwei Wahrheiten, eine gegenständliche Welt und eine ungegenständliche. Aber dadurch, dass die ungegenständliche Wahrheit in der Natur selbst liegt, muss sie, das ist offensichtlich, siegen, denn der Gegenstand muss seinen Bankrott erklären und der Zusammenbruch des Menschen liegt in seiner Vollkommenheit.[84]

Bei der Mitteilung der eigenen Gedanken über die Bewegung der Malerei und der Kunst allgemein sind wir nicht nur einmal bei der Frage nach dem Leben der Gesellschaft selbst und ihrer Beziehung zu Leben und Kunst stehen geblieben. Wir blickten auf die Welt der Gesellschaft nicht so, als seien es die führenden Erscheinungen, sondern fanden im Gegenteil in deren ganzem Leben das Fehlen jeglicher Leitlinie in Bezug auf die Kunst. Die Kritik jener Zeit schrieb über unsere Fehler, über den Niedergang der Kunst. Wir aber glaubten im Gegenteil, dass unsere Kunst und unser Leben als Künstler einen ganz gesunden Weg nähme und die Sackgasse verließe, in der sie in all den Zeiten lebte, in denen sie der einen oder anderen Wahrheit diente. Jede materielle Wahrheit erschien für alle Zeiten obsolet und wurde durch eine andere ersetzt. Auf diese Art und Weise ist die Wahrheit des materiellen Lebens der Gesellschaft eine sich ewig verändernde Form, die unvermeidlich in die Sackgasse führt. Jede Kunst, die dieser Wahrheit dient, gerät in dieselbe Sackgasse.

Auf diese Weise sehen wir die Kunst, die durch den Inhalt einer gegebenen sozialen Form des gesellschaftlichen Seins dient, immer geteilt in die Kunst als solche und den Inhalt. Der Inhalt ist immer ein vorübergehender, die Kunst aber – zeitlos.

Unsere Schlüsse waren auch solche, die bestimmten, dass die Kunst »als solche« figurieren sollte. Auch meine Beziehung zur Welt ist eine ausschließlich malerische, poetische und musikalische. Aus der Perspektive eines ideologischen Inhalts kann es keinerlei Beziehung geben. Wir beharrten auf der reinen Kunst und ließen auf keine Weise die Vermischung der Malerei mit einem in seinem Wesen nicht malerischen Inhalt einer gegenständlichen Weltanschauung zu.

Das Leben der Gesellschaft, ihre Beziehung zur Welt war eine andere als jene der Maler. Deshalb führte die Gesellschaft im Verlauf des gesamten Impressionismus, Cézannismus und Kubismus diese nicht nur nicht zur ungegenständlichen Kunst, sondern arbeitete mit all ihren Kräften gegen die Bewegung der Kunst weg vom Darstellerischen der Erscheinungen an, das in seiner Kontur gerade noch der Natur entsprach. Aber der Kampf der Gesellschaft gegen uns, der gerade auf moralischem Wege einsetzte, konnte uns materiell nicht besiegen, da wir Möglichkeiten fanden, uns das tägliche Brot zu verdienen. Wir konnten auch keine Anerkennung verlangen, weil wir nach allen Seiten der Gesellschaft schlugen, nach ihrer Moral, ihrer Logik und ihrer Haltung zur Kunst.

Die Kunst war seit den Anfängen des Impressionismus in den 1860er- Jahren schon vielfältig in ihrer Form. Damals gab es die »Wandermaler«, den Düsseldorfer Realismus und den Impressionismus in seinen zwei Stadien. Diese Vielgestaltigkeit wurde ganz und gar nicht dadurch hervorgerufen, dass die Gesellschaft jener Zeit in Teile zerfallen wäre, sondern deshalb, weil die Kunst von den Aufgaben der Realisierung gesellschaftlichen Inhalts frei wurde.

Als der Futurismus einsetzte, entwickelte die Gesellschaft ein eigenes Leben in industriellen Formen. Die technische Macht wurde bis zu großer Höhe vorangetrieben. Die Künstler der darstellenden Kunst hatten zu dieser eisernen Welt eine negative Beziehung, die technische Maschinenwelt berührte sie nicht, sie waren mit dem Menschen verbunden. Der Mensch, die Landschaft, die Natur waren für sie die einzigen Erscheinungen, die sie malerisch ausdrückten. Der Künstler stellte die technischen Errungenschaften der Gesellschaft nicht dar, deren industrielle Entwicklung, er hielt sich an die Welt der Natur und des Menschen.

Nehmen wir alle »Wandermaler« und wir werden in ihrer Kunst die Darstellung dieser Seite nicht sehen. Ich erinnere mich selbst an die Zeit, als die Eisendächer fremd waren und den dörflichen Lehmhütten Platz machten.

Der Maschinenbau übte keine Wirkung auf die malerischen Gefühle des Künstlers aus. Ich verstand selbst die Welt der Fabriken und Betriebe in ihrer malerischen Dimension nicht und spürte sie auch nicht. Aber irgendwie in Italien [Hier endet der Text, *WK*].

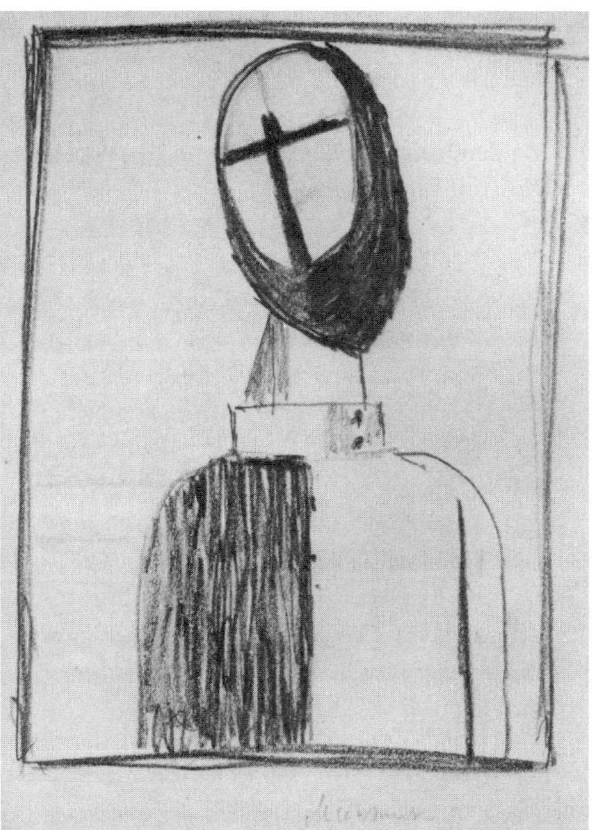

## Nachwort

### Zu den (ukrainischen) Wurzeln des Malers Kasimir Malewitsch

Kasimir Malewitsch hat zwei autobiografische Texte verfasst, den ersten 1923-25, den zweiten 1933. Beide sind Fragmente geblieben. Der erste ist der kürzere. Er wurde in einer etwas geglätteten Übersetzung in einem Ausstellungsband der Kölner Galerie *gmurzynska* im Jahr 1978 mit dem Titel *Kasimir Malewitsch zum 100. Geburtstag* (11-19) auf Deutsch und Englisch veröffentlicht.

Der längere, äußerst lebendig geschriebene autobiografische Text von 1933 lag bis heute nicht in deutscher Sprache vor und wird hier – zusammen mit dem neu übersetzten ersten Text – erstmals in deutscher Übersetzung publiziert. Gerade er eröffnet uns einen neuen Blick auf Malewitsch. Der Autor erzählt darin von seiner Kindheit, auch unter dem Aspekt der Kunst, bis hin zu seinen frühen Moskauer Jahren (ab 1904) und schreibt über die in seiner frühen Entwicklungsphase maßgeblichen künstlerischen Richtungen, wobei er sich sehr klar positioniert.

Wir lernen ihn als einen Maler des Dorfes, vor allem des ukrainischen Landes kennen, als einen Revolutionär vom Land. Erstmals stellt er die bäuerlichen Wurzeln seiner, in seinen Augen so emotional geprägten Kunst in den Mittelpunkt und bringt sie in eine völlig überraschende, ungewöhnliche Nähe zur Kunst der Ikone. Bisherige Vorstellungen von dem durch die großen Städte Moskau und Petersburg, aber auch Witebsk, geprägten Künstler müssen revidiert werden. Vor diesem Hintergrund dürfte die Entwicklung der Malerei dieses Künstlers neu zu bewerten sein.

## Biografisches

Auf der Grundlage der autobiografischen Texte zum frühen Malewitsch, die in Verbindung mit der russischen Ausgabe seiner Schriften in den beiden Bänden *Malewitsch über sich. Zeitgenossen über Malewitsch* [Malevič o sebe. Sovremenniki o Maleviče, 2004] vollständig und mit Kommentar erschienen sind, gibt es vieles neu zu entdecken, vor allem Malewitsch als ukrainischen Künstler. Die russische Ausgabe erweckt diesen Eindruck zweifellos nicht, ist doch dort alles russisch oder mitunter auch polnisch abgedruckt. Die vierzehn ukrainischsprachigen Beiträge aus den Jahren 1928-1930 hingegen sind dort nicht nachzulesen, zumindest nicht im Original. Ihre Analyse steht noch aus.

Malewitsch wird im Jahr 1878 in Kiew als Sohn polnischer Eltern geboren und stirbt 1935 in Leningrad. Dadurch war seine Umgangssprache zu Hause auch Polnisch. Seine autobiografischen Texte behandeln die Jahre unmittelbar vor der Revolution, aber auch die Revolution von 1905 (in Moskau) und die Zeit direkt danach. Rainer Crone und David Moss verbinden seine »künstlerische Erleuchtung« noch mit diesen Städten. Doch – wie bei manch anderem bedeutenden Künstler der Zeit, etwa Wladimir E. Tatlin (1885–1953) – ist es das südliche Russland, ist es die ländliche Ukraine, die seine künstlerische Entwicklung von Beginn an prägt. Schließlich reist der Künstler auch erst im Jahr 1927 erstmals ins Ausland, nach Berlin und Warschau, acht Jahre vor seinem Tod. Dennoch war ihm die westliche Kunstszene nicht weniger vertraut als die heimische.

Den Weg zu dieser einheimischen Kunst und deren Wesen zeigen die autobiografischen Texte lebendig und anschaulich auf. Denn Malewitsch lebt zunächst nur in mehreren kleineren ukrainischen Siedlungen, Dörfern und Städten, in denen er mit den anderen Kindern Ukrainisch sprach. Ukrainisch war die Sprache seines Alltags. Erst als eines Tages Künstler aus Petersburg kommen, Ikonenmaler, vermerkt er ausdrücklich, dass diese Russisch sprachen. Offensichtlich war das für ihn ungewöhnlich.

Malewitsch lebte mit den Eltern zunächst in der Stadt Jampil (russ. Jampol) in Podillia. Dort lebte er bis zum zwölften Lebensjahr. Die Familie zog danach nach Parchomiwka (Parchomowka) in die Region Charkiw (Charkow) um. Dann siedelten sie nach Wowtschok und in die Stadt Bilopilia (Bielopolie) um, die zwischen Kiew und Charkiw liegt. Die folgenden Jahre bis zu seinem siebzehnten Lebensjahr verlebte er vor allem in Konotop. Konotop liegt zwischen Tschernihiw (Tschernigow) und Sumy. Von hier aus reiste er immer wieder nach Kiew, lernte den bekannten Komponisten Nikolai A. Roslawez (1881–1944) und den berühmten ukrainischen Maler Mykola Pymonenko (1862–1912) kennen. Dieser unterrichtete Zeichenklassen in Kiew, doch ist nicht sicher, ob Malewitsch diese besuchte. Pymonenko stand dem jungen Malewitsch aufgrund seiner bäuerlich-ländlichen Malerei aber in jedem Fall sehr nahe.

Die Jahre zwischen 1896 und 1904, also die verbleibenden Jahre bis zu seinem sechsundzwanzigsten Lebensjahr verbrachte Malewitsch in der Stadt Kursk, in die er auch nach der Umsiedlung nach Moskau im Jahr 1904 in den Sommermonaten immer wieder zurückkehrte. Erst ab 1907 lebte er endgültig in Moskau. Aber auch später äußerte er immer wieder den Wunsch, an seinen Geburtsort Kiew zurückzukehren. Er verbrachte also fast die Hälfte seines Lebens auf dem ukrainischen Land. Die Region Kursk hatte wohl damals schon eine gemischte ukrainisch-russische Bevölkerung, wobei sich ca. zwanzig Prozent als Ukrainer bezeichneten. So mancher der engeren Malerfreunde von Malewitsch war Ukrainer. Das unterstreicht er auch in seiner Autobiografie, so etwa im Falle des Künstlers Lew Kwatschewski.

## Autobiografisches

Vieles in den so lebendig geschriebenen autobiografischen Texten dürfte überraschen, heutige Leserinnen und Leser wohl ebenso wie manche Malewitsch-Spezialisten und Kulturhistoriker. M. Shkandrij hebt in der Autobiografie vor allem die Gegenüberstellung von Stadt- und Dorfleben hervor. Der englischsprachigen Forschung stehen schon seit den 1960er (1968) bzw. 1980er Jahren – anders als deutschsprachigen Leserinnen und Lesern – mehrere, zum Teil auch unvollständige englische Übersetzungen der autobiografischen Texte zur Verfügung, wenn sie auch nicht prominent veröffentlicht wurden. Nikolai I. Chardschijew (1903–1996) hatte den russischen Text, doch nur diesen, schon frühzeitig, im Jahr 1976, publiziert. Dabei weist er darauf hin, dass Malewitsch die autobiografischen Texte auf seine Veranlassung hin geschrieben habe und eigentlich eine ausführliche entsprechende Monografie geplant hatte. Diese ist aber nicht zustande gekommen.

Überraschenderweise liegt der Schwerpunkt der Darstellung dieser autobiografischen Texte auf der Natur, nicht auf der Stadt, auf dem bäuerlichen Leben des Dorfes, nicht aber bei der Industrie, bei Technik und Fabriken, in denen etwa der Vater beruflich tätig war. Die Maschinen in der Zuckerfabrik des Vaters nimmt der Verfasser vielmehr als wilde Tiere und kläffende Hunde wahr. Er rückt sie aufgrund der besonderen Töne und Rhythmen, die sie produzieren, in die Nähe der Musik. Der junge Malewitsch, das Kind, geht ganz und gar in der bäuerlichen Kultur auf, und damit auch in der Natur und in der dörflichen Kultur der Ukraine.

Die Texte erzählen den Weg des Künstlers zur Kunst, ein Wort, das er und seine malenden Freunde lange Zeit gar nicht kannten, erst viel später kennengelernt hätten. Zumindest erzählt er uns aus einem späteren Blickwinkel von diesem Weg. Das schlägt sich auch in der Sprache nieder, wenn die schöne »Landschaft« zunächst gewöhnlich als »pejsaž« figuriert, dann aber doch mit einem seiner so zentralen kunsttheoretischen Begriffe bei der Naturbeschreibung von der »einförmigen Faktur der Blätter« die Rede ist.

Auf diesem Weg zur Kunst sucht Malewitsch sämtliche Umstände zu erzählen, die diesen Weg ausmachen. Nicht die Zuckerrübenfabrik des Vaters mit ihren lauten Sirenen, sondern das freie Leben der in seinen Augen so freien Bauern fasziniert ihn. Er verwendet dafür nicht das übliche russische Wort »svoboda«, das vor allem äußere Freiheit meint. Er bevorzugt vielmehr das Nomen »razdol'e«, das auch eine grenzenlose innere Freiheit einbezieht. Die Fabrikarbeiter seien im Unterschied zu den Bauern durch das strenge Zeitregime, das von den Sirenen markiert wird, christusgleich an das Kreuz der Maschinen genagelt: Ständig arbeiteten sie und müssten sich mit diesen wilden Maschinenraubtieren auseinandersetzen. Mit dieser Art der Wahrnehmung nähert er sich den Vorstellungen des italienischen Futurismus an.

Deshalb wendet er sich auch von Beginn an den so bunt gekleideten Bauern, den Bauernkindern zu, wenngleich er bei diesen als Fabrikkind zunächst einen schweren Stand hat. Denn nur die Bauernjungen verkörpern für ihn jene Nähe zur Natur, zur Sonne und zum Mond, die sein gesamtes Gefühlsleben von Anfang an prägt. Diese Verbindung zur Natur garantiert ein Leben aus der Emotion. Dorf, Land und Natur sind dem Kind eins.

Allein die Bauern besitzen für ihn auch die nötige Freiheit und die Fähigkeit, sich künstlerisch zu entfalten. Denn sie erleben alle Tageszeiten in der Natur und sind dem Sonnenlicht ausgesetzt. Sie erleben die Reflexion des blauen Himmels. Diese Reflexion, das Glänzen und Strahlen der Melasse in der Fabrik ebenso wie die des Himmels sind ihm immer wichtiger als die bloßen Dinge. Das gilt für die Spiegelungen von Licht und Sonne, aber auch für jene des ukrainischen Specks. Von zentraler Bedeutung sind für ihn Licht und Farben. Er entdeckt die Farbe als individuell hergestellte, aber auch die Vielfalt der Farben im großen Malkasten aus Kiew. Als Kind reibt er seine Farbe selbst aus ukrainischen Lehmarten. Er kennt diese, ehe die Russisch sprechenden Petersburger Ikonenmaler mit ihren industriell gefertigten Farbtuben kommen. Bäuerliche Kunst und ukrainische Erde bilden so eine Einheit.

Aber auch der »rabenschwarze Himmelsraum« der Ukraine, für den sich wenige Jahre später auch Ernst Barlach begeistern wird, und den ihn vor allem faszinierenden Wechsel von Nacht und Tag, verbindet er mit diesem Land. Die bäuerlich-folkloristische Kunst erzieht ihn als Maler.

Sie lässt ihn die für ihn so wichtigen Gefühle für Kunst entwickeln. Natur und Volkskultur nimmt er als eins wahr. Sonne und Mond faszinieren ihn als Lichtquellen. Nicht zufällig trägt sein erstes Bild den Titel *Mondnacht*. Er sieht den Mond als Spiegelung auf dem Hintergrund der dunklen ukrainischen Nacht. Die Ukraine ist ihm dabei Natur und Landschaft, nicht Volk oder Nation.

Deren Bauern verbinden sich aufs Engste mit der schönen Natur und auch mit der Kunst durch ihre Gewänder, und ihr eigenes künstlerisch-folkloristisches Schaffen. So betont Malewitsch den Einfluss ihrer einfachen, »reinen« Welt – ein für ihn so wichtiges Adjektiv – und die besondere Naturverbundenheit der Bauern. Die Kultur habe auf ihn hingegen so gut wie keinen Einfluss gehabt. Er kopiert ihr Leben, isst in Konotop Knoblauch und Speck wie sie: »Wir waren Ukrainer.«

Damit schlägt er sich auf die Seite der bäuerlichen Kunst. Für ihn hatten vor allem die Bauersfrauen die besondere Fähigkeit, bunte Hähne und Pferdchen zu malen. Ähnlich hebt schon der in der Ukraine geborene Dichter Nikolai W. Gogol die Frauen als Trägerinnen der Volkslieder hervor. Dieser bäuerlichen Kunst, zu der auch Lieder und Tanz gehörten, bleibt er – wie er wiederholt betont – als einer wenn auch primitiven, so doch zutiefst emotionalen Kunst treu. Auch die ungebildeten Schildermaler, die dieselbe Emotionalität auszeichnete, zählt er zu den Künstlern.

Als Malewitsch später das Wort »Kunst« kennenlernt und in Kwatschewski einen engen künstlerischen Freund gewinnt, in Kiew später dem ukrainischen Bauernmaler Pymonenko begegnet, wird diese so sehr von Natur und Gefühl getragene Nähe zur ländlich-bäuerlichen Kunst zur Grundlage seines revolutionären künstlerischen Wegs. Nicht zufällig verwendet er für diese Zeit wiederholt das auch in späteren Schriften wichtige Nomen des »Vulkans« und spricht vom »echten Vulkan des Kunstlebens«, etwa für die Zeit des Lebens in Kursk. Die Revolution in der Kunst hat sich also in diesem bäuerlichen Umfeld auf dem Land vollzogen und nicht erst in der Stadt. Shkandrij bemerkt deshalb zu Recht, dass Malewitsch in dieser Autobiografie die Notwendigkeit ausdrückt, die Dichotomie von Stadt und Land für sich völlig neu zu denken und zu bewerten. Auch die städtische Kunst von Kiew nimmt er rein emotional wahr.

## Die Ikone und die bäuerliche Kunst

Das vielleicht ungewöhnlichste Thema in diesen autobiografischen Texten ist das der Ikone. Die Haltung des Künstlers zur Ikone muss auf der Grundlage dieser Texte neu überdacht werden. Erstaunlich ist, dass Malewitsch jegliche orthodoxe Grundlegung der Ikone, ihre spezifische Religiosität, ihre Historizität und ihre spezifische Ästhetik fast völlig ignoriert, jedenfalls ausspart. Er bewertet die Ikone in erster Linie nach seiner individuellen Wahrnehmung. Nur auf dieser Grundlage dürfte aber jene zweifellos frappierende Wahrnehmung der Ikone als einer bäuerlichen Kunst zu verstehen sein.

Malewitsch formuliert das so: »[I]ch ahnte irgendeine Verbindung der bäuerlichen Kunst mit jener der Ikonen: Die Ikonenkunst, das sind die Formen der höchsten Kultur bäuerlicher Kunst.« Er sieht in der Ikonenkunst die »spirituelle Seite der ›bäuerlichen Zeit‹«, deren höchste Formstufe.

Er versteht die Bauern über die Ikone jedoch nicht als Heilige, sondern als einfache Menschen. Erstaunlicherweise verbindet er diesen synkretistischen Blick auf Ikonenheilige und Bauern mit dem »Geist«, der in den Bildern von Cimabue sei. Diesen Geist, dieses emotionale Schöpfertum der Ikone »fühlte« er auch in den Bauern und deren Kunst.

Erstaunlich ist jene von Marcadé angestellte Beobachtung, dass die Bauern in den (auch späteren) Gemälden von Malewitsch, selbst in abstrakten, immer Bart tragen. Tatsächlich kommt es in diesem Bart der Bauern, was Marcadé nicht erkennt, zur Symbiose von Heiligem und Bauern. Denn in Ikonenbildern tragen Heilige, und auch Christus oder Gott Vater, immer einen Bart. Ohne Bart werden auf Ikonen lediglich Teufel bzw. ihnen nahe Figuren dargestellt. Über den Bart sakralisiert Malewitsch den Bauern als Ikonenfigur.

Damit schließt er unwissentlich an die Sicht des großen Kunstkenners und -sammlers des späten 19. Jahrhunderts Dmitri Rowinski an, der auch in den Bildern Cimabues die westliche Verbindung zur russischen Ikone sah. Rowinski brachte auch jene einmalige Sammlung an anfänglich ukrainischen, vor allem aber russischen Volksbilderbogen [lubki] heraus, die auch Malewitsch zum Anknüpfen an diese folkloristische Tradition inspirieren sollten.

Erstaunlich ist bei Malewitsch dabei das bäuerliche, sakrale und artifizielle (Avantgarde-) Kunst verbindende Moment der Emotionalität, des Fühlens. Er nimmt die Ikone als »emotional« wahr: »Über die Ikonenkunst verstand ich die emotionale Kunst der Bauern [...].« Diese andere Darstellung des Menschen, die andere Beziehung zu ihm, ihre »antianatomische Wahrheit« liege räumlich und linear jenseits der sonst wiedergegebenen Inhalte: »Farbe und Form wurden von ihnen auf der Grundlage rein emotionaler Wahrnehmung des Themas geschaffen.« Was sich hier ausdrückt, sind »geistliche Züge bäuerlicher Antlitze, in denen sich die Form spiegelte, die einerseits von der Ikonenkunst kam, andererseits von den Ladenschildern«. Ikonenkunst ist für ihn Volkskunst, beide bildeten eine Symbiose.

## Kunst als solche als Ideal

Dies aber bildet die eigentliche Basis seiner künstlerischen Revolution, des wiederholt zitierten »Vulkans«. Immer wieder beschreibt Malewitsch, wie er als Kind versucht habe, Inhalte darzustellen und daran gescheitert sei. Nicht selten habe das in »Kleckserei« geendet. Doch eben diese Erfahrung brachte ihn auf der Grundlage der Symbiose von Folklore und Ikone zu der seine Kunst prägenden Einsicht, dass Inhalte in der Kunst nur vorübergehend, die Kunst als solche aber zeitlos sei.

Wesentliche Basis dafür sind erneut Gefühle, sind Emotionen, nicht die Ratio. Jeglicher Inhalt sollte ein nur malerischer sein. Themen und Gegenständlichkeit seien bloßes Beiwerk. So entstehe jene Malerei der »reinen Form«, die »Malerei als solche« [živopis' kak takovaja], die sich in der russischen Literatur der Avantgarde mit Welimir Chlebnikows »Wort als solchem« [slovo kak takovoe] verknüpft. Auch dieses Wort ist von der Semantik, von Inhalten befreit.

Malewitsch strebt nur noch danach, das »Fühlen der Kunst« umzusetzen: »Befreit von gesellschaftlichen Inhalten« verwandle diese malerische Emotion alles in Schönheit. In dieser Malerei sei auch das schön, was in der Wirklichkeit, in der Welt der Gegenständlichkeit nicht schön sei. Die Vorherrschaft bloß malerischer Beziehungen erfordere nicht länger, dass diese Bilder, dass diese Maler zu verstehen seien. Sie durften, ja sie sollten auf dieser Grundlage den reinen Alogismus, alogische Bilder und gegenstandslose Beziehungen schaffen. Damit war die Kunst von Malewitsch geboren. Nirgends sonst lässt sich dies Schritt für Schritt so nachvollziehen wie in seinen autobiografischen Schriften.

Wichtig ist dem Maler dabei auch die Sprache, in der er schreibt. Schließlich ist Malewitsch auch Dichter und Schriftsteller. Auch die Sprache seiner Autobiografie ist nicht stilistisch gereinigt. Die Syntax ist nicht selten holprig und verschachtelt. Der mitunter ganz einfache Schreibstil mutet – auch wegen so mancher Wortwiederholung – fast ungeschickt an. Diese Sprache lässt sich auch im Zusammenhang mit der von ihm so geschätzten bäuerlichen Kultur sehen. Wir kennen diesen wenig geschliffenen Stil auch aus anderen Texten, vor allem aus theoretischen Texten von Malewitsch.

Die erste, im Jahr 1978 publizierte deutsche Übersetzung der autobiografischen Notizen von 1922–1925 ist nicht nur angemessen, sondern auch sehr gut lesbar. Ist sie aber nicht zu gut lesbar? Die im Original spröde Syntax und Wortwahl wirkt im Deutschen vielfach eleganter. Aber auch die oft unorthodoxen Einschnitte und Absätze gibt diese Übersetzung nicht immer wieder. Die Sätze sind dort meist kürzer als im Original und verständlicher als im Russischen.

Malewitsch bedient sich gerne mit Absicht derselben Lexeme, um Beziehungen zwischen Sachverhalten herzustellen. Stilistisch überzeugt das manchmal weniger. Auch diese Spezifik seines Stils sollte nicht durch variierende, synonyme Lexeme aufgehoben werden. Die vorliegende deutsche Übersetzung mag daher stilistisch irritieren, weil sie sich nach Möglichkeit an den Schreibstil des Künstlers hält.

## Kunsthistorische Kontexte

Die Grundlage und den kunsthistorischen Kontext der Malerei von Malewitsch bilden also die bäuerliche Kunst und ihr Primitivismus. Gerade das freie emotionale Schaffen in Volkskunst und Ikonenmalerei begreift Malewitsch als die eigentliche Basis seines Cézannismus. Sie widerspreche seinem avantgardistischen Futurismus nicht. Im Gegenteil, Volkskunst und Ikonenmalerei versetzten dieser Richtung erst die nötigen Impulse.

Malewitsch bleibt weiterhin, d. h. auch in Moskau, über Künstlerfreunde wie Olexandr Bohomazow (1880–1930), Mykola Bojtschuk (1882–1937), Lew Kramarenko (1888–1942) oder den mächtigen Bildungsminister Mykola Skrypny eng mit Kiew verbunden. Er publiziert auch in der Char'kiwer Monatszeitschrift für Kunst *Neue Generation*, aber auch in Kiew in ukrainischer Sprache. Im Jahr 1930/31 erwägt er sogar, am Kiewer Institut für Kunst dauerhaft als Dozent tätig zu werden. Doch plötzlich wurden dort alle Künstler entlassen, die keine Parteimitglieder waren. Dieser ideologisch geprägte Nationalismus war Malewitsch fremd. Seine Distanz gegenüber dem Ukrainischen wuchs. Seine präferierte Perspektive war jetzt eine internationale. Trotz aller lokaler Inspiration ging es ihm um die »Kunst als solche«.

Malewitsch selbst sieht seinen künstlerischen Werdegang als in verschiedene Phasen unterteilt. Die erste nennt er naturalistisch bzw. realistisch. Da malt er noch im Stil der von ihm wiederholt erwähnten »Peredwischniki«. Diese verbindet er mit der Schule der russischen Maler Ilja J. Repin (1844–1930) und Iwan I. Schischkin

(1832–1898). Ersterer ist in der Ukraine geboren. Malewitsch ergreift immer Partei für den Primitivismus. Doch interessieren ihn vor allem Licht- und Farbreflexe, sodass er sich selbst immer mehr als Impressionist auf den Spuren Cézannes begreift. In dieser Phase ist ihm allein die »malerische Faktur« wichtig. Er webe eine »Faktur« reinen Stoffs in seinen Bildern. Diese Faktur ist zusammen mit der Form und der Emotionalität entscheidend für das malerische Werk und seine Qualität. Das jeweilige Thema ist ihm Beiwerk. Der Impressionismus habe ihn zu einem neuen Sehen geführt und das rein malerische Element, die »malerische Psyche aus der Macht des Gegenstands« befreit.

Interessant dürfte auch der wohl erst noch zu erforschende Zusammenhang der bäuerlichen primitiven Malerei und der Ikonenmalerei mit Malewitschs Suprematismus sein. Es gab ja auch andere Künstler, die Volkskunst und Avantgarde in dieser Zeit eng miteinander verwoben. Alexandra Exter (1882–1949) und die »Bauernfuturistin« Hanna Sobatschko-Schostak (1883–1965), aber auch Natalia S. Gontscharowa (1881–1962) wären hier zu nennen.

Es gab eine eigene Gruppe der »Bauern-Futuristen« (»peasant-futurists« bei Shkandrij). Malewitsch sieht im Futurismus dessen dynamische Kraft als einzigen Inhalt an. Er sei ebenso ungegenständlich wie die Natur selbst, der eine ungegenständliche Wahrheit eigen sei. Alles in der Natur hat für ihn eine ungegenständliche Basis. Der Mensch aber will sie gegenständlich machen.

Myroslav Shkandrij vermutet wohl nicht zu Unrecht, dass Malewitschs Autobiografie aus dem Jahre 1933 auch als Reaktion auf den kommunistischen Krieg gegen die ukrainischen Bauern auf die katastrophale Hungerkatastrophe der frühen 1930er Jahre zu verstehen ist.

Bei aller Bedeutung der ukrainischen bäuerlichen Kultur und Kunst für Malewitsch dürfte es außer Frage stehen, dass er diese nicht nationalistisch versteht. Vielmehr begreift er zusehends die bäuerlich-folkloristisch grundgelegte Kultur der Ukrainer und Russen als eine ihnen gemeinsame Form der Kunst. Je mehr er sich der Avantgarde, der Kunst als solcher und der Alogik der »zaum'«-Dichtung annähert, umso stärker tritt die spezifisch ukrainische Kunst in den Hintergrund. Das heißt aber nicht, dass einzelne Erscheinungen dieser Kunst, etwa die gesichtslosen Puppen des Podillia, die uns wohl in vielen seiner suprematistischen Bilder wieder begegnen, nicht eine entscheidende Rolle gespielt hätten.

Auch die Kreise, die schwarzen Quadrate, die Kreuze und andere Symbole der folkloristischen Eiermalerei oder der folkloristischen Stickereien kehren im Suprematismus als Symbole wieder. Hier ergibt sich zudem eine aufschlussreiche Parallele zu den drei grafischen Grundzeichen der ersten slawischen Schrift, der Glagoliza, der Kreis, Kreuz und Dreieck zugrunde liegen. Jedes Zeichen gilt für sich als Symbol Gottes. Diese grafischen Elemente spiegeln somit die geistige und geistliche Dimension dieser Kunst wider.

Es dürfte außer Zweifel stehen, dass mit dieser Autobiografie erstmals deutlich auf eine zentrale künstlerische und geistig-geistliche Dimension des gesamten künstlerischen Schaffens von Kasimir Malewitsch hingewiesen wird. Die von ihm mitbegründete Avantgarde stellt im Kontext eines russisch-ukrainischen Primitivismus zweifellos eine besondere Spielart der europäischen Avantgarde dar. Auf der Grundlage dieser autobiografischen Schriften können und sollten die unterschiedlichen Phasen von Malewitschs künstlerischem Schaffen neu bewertet werden.

Walter Koschmal

# Literatur

Chardžiev, N. I, »Malewitsch, Kasimir. Autobiografie« [»Malevič, Kazimir. Avtobiografija«]. In: Kistorii russkogo avangarda: Michail Matjušin: *Russkie kubo-futuristy*. Stockholm. Almqvist & Wiksell Internat, 1976.

Chardžiev, N. I., »Letztes Kapitel der unvollendeten Autobiografie von Malewitsch« [«Poslednjaja glava neokončennoj avtobiografii Maleviča« ] Russian Literature XXXIX (1996), S. 303–328.

Crone, Rainer und David Moos: *Kazimir Malevich: The Climax of Disclosure*. Chicago 1991, hier: S. 51–52.

*Malevič über sich. Zeitgenossen über Malevič* [Malevič o sebe. Sovremenniki o Maleviče, 2 Bände 2004], hier Bd. I, S. 17–45.

Kasimir Malewitsch: zum 100. Geburtstag. Ausstellung Juni-Juli 1978. *Galerie gmurzynska*. Köln 1978, hier: S. 11–19.

Shkandrij, Myroslav: »Reinterpreting Malevich: Biography, Autobiography, Art«, Canadian-American Slavic Studies 36, No. 4 (Winter 2002), S. 405–420.

Marcadé, Jean Claude, »The Peasant Theme in the Work of Kazimir Severinovich Malevich«, in: Kasimir Malewitsch: zum 100. Geburtstag. Ausstellung Juni-Juli 1978. *Galerie gmurzynska*. Köln 1978, 317 S. (hier S. 94–119)

*Venok Rovinskomu*. Moskau 2003.

Upchurch, Alan: *Chapters from an Artist's Autobiography* [Übersetzung der 1976 russisch publizierten Teile der Autobiografie ins Englische], »October«, No. 34 (1985), S. 25–44.

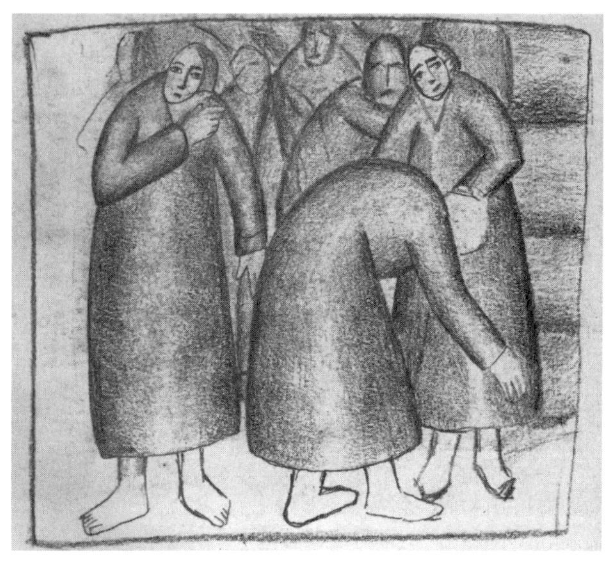

## Anmerkungen

Diese Anmerkungen basieren auf den Fußnoten der zweibändigen Textausgabe *Malewitsch über sich* [Malevič o sebe] von 2004. Doch wurden sie für ein nichtrussisches Publikum erweitert bzw. gekürzt.

1 Die Moskauer Kunstschule (MUZVZ) genoss in jener Zeit den Ruf der modernsten künstlerischen Unterrichtsstätte in Russland. Malewitsch wollte viele Jahre lang ihr Schüler werden.

2 Sewerin Antonowitsch Malewitsch, Kasimirs Vater, war Pole und Adeliger, von Beruf war er Ingenieur.

3 Die Desjatine ist ein russisches Flächenmaß. Sie umfasst ca. 1,1 Hektar.

4 S. A. Malewitsch arbeitete als »Hauptzuckerkocher«. Weiter unten nennt Malewitsch den Vater einen »hoch qualifizierten Zuckerkocher«. In Erinnerungen seiner Verwandten werden auch andere Funktionen genannt, z. B. Leiter bzw. Direktor der Fabrik. Die vorhandenen Dokumente belegen Letzteres jedoch nicht.

5 Kamenez-Podolsk, ukr. Kamjanez-Podilskyj, ist die Gouvernementsstadt, Jampol', ukr. Jampil', die Kreisstadt des Gouvernements Podolsk in der Region Süd-West. Malewitschs Familie lebte in den Jahren 1883 bis 1889 in dem Dorf Majewka im Kreis Jampol' in der südwestlichen Ukraine.

6 Der jüngere Bruder von Kasimir hieß Mjetschislaw.

7 Der Einfluss der Volkskunst des Podol, eines Stadtteils von Kiew, auf die Malerei von Malewitsch wurde in entsprechenden Kunstausstellungen gut nachvollziehbar am Beispiel von Kleidung, Keramik oder Wandmalerei gezeigt.

8 Wareniki sind gefüllte Teigtaschen, eine Art Nationalgericht.

9 Der Arschin ist ein früheres russisches Längenmaß und misst 71 cm.

10 Solche »Vertragsmärkte« (auch Sreten-Markt genannt) wurden in Kiew seit 1797 jedes Jahr abgehalten und waren weithin bekannt. Daran beteiligten sich zahlreiche Zuckerfabriken.

11 Malewitsch verwendet hier dasselbe Nomen wie oben, als er von der für Bauern unnötigen »Alphabetisierung« spricht. Das russische Wort *gramota*, hier als »Anleitung« übersetzt, meint wörtlich die Fähigkeit, lesen und schreiben zu können.

12 Stickereien von Ljudwiga Alexandrowna Malewitsch, der Mutter Kasimirs, werden wohl nur in privaten Sammlungen aufbewahrt.

13 Die Namen dieser Künstler lassen sich bislang leider nicht herausfinden.

14 Parchomowka ist das Regionalzentrum des Kreises Bogoduchowo im Gouvernement Charkow, ukr. Charkiw, zwischen Krasnokutsk und Achtyrka. Die »Feinzucker«-Fabrik in Parchomowka gehörte Iwan Gerasimowitsch Charitonenko, nach seinem Tod 1891 seinem Sohn Pawel Iwanowitsch. Das Fabrikgebäude ist erhalten, in ihm ist das Historisch-künstlerische Museum untergebracht.

15 Die Werst ist eine alte russische Maßeinheit für die Länge. Eine Werst entspricht 1.066,8 Metern.

16 Woltschok, ukr. Wowtschik, ist ein Dorf in der Region Sumy, etwa dreißig Kilometer östlich von Konotop. Das nächste Zentrum war das Dorf Kosazke.

17 Die illustrierte Zeitschrift *Niwa* wurde seit 1870 in Petersburg von A. F. Marx herausgegeben und erschien wöchentlich.

18 s. Anmerkung 1.

19 Die wörtliche Bedeutung des Ortsnamens Konotop ist »Pferdeversinken«.

20 Hier ist wahrscheinlich von dem im Jahr 1883 in russischer Übersetzung in Petersburg erschienenen Buch von F.-J. Jännicke *Praktische Anleitung zum Malen mit Ölfarben für Anfänger* die Rede. Das Buch zielte vor allem auf Landschaftsmaler ab.

21 Nikolai K. Pimonenko gehörte als Maler zur jüngeren Generation der »Wandermaler‹ (Peredwischniki): Seine idyllischen Genrebilder aus dem Leben ukrainischer Bauern, die im Pleinair-Stil hell ausgeführt wurden, waren damals sehr populär. Ende der 1920er- und Anfang der 1930er-Jahre wandte sich Malewitsch einigen Motiven von Pimonenko in seinen Bildern *Schnitter* (Schnizy) und *Blumenhändlerin* (Zvetotschniza) zu.

22 Es handelt sich wohl um eine frühe Variante des gleichnamigen Bildes *Hopak* von 1909, für das der Künstler 1910 einen internationalen Preis bekam; der französische Internationale Bund der Künste und der Literatur wählte Pimonenko zu seinem Ordentlichen Mitglied.

23 Pimonenko unterrichtete in der Kiewer Zeichenschule, die N. I. Muraschko begründet hatte; das Arbeitsatelier von Pimonenko befand sich im Schulgebäude.

24 Es gibt jedoch keinerlei Dokumente, die den Besuch dieser Schule durch Malewitsch belegen würden.

25 Malewitsch meint hier den jüngeren Bruder von N. I. Muraschko Aleksandr Iwanowitsch, der in Tschernigow eine »Werkstatt für Ikonostasen, Schnitz-, Schreiner- und Vergoldungsarbeiten« hatte. Er arbeitete auf dem Gelände des Kremls von Tschernigow. Diese Werkstatt nahm Aufträge zur Herstellung von Ikonostasen und zum Ikonenmalen an. Im Jahr 1888 wurde Muraschko nach Kiew eingeladen, um dort Arbeiten in der Wladimir-Kathedrale durchzuführen. Dort eröffnete er auch sein Atelier, das ziemlich bekannt wurde und Handwerker höherer Qualifikation ausbildete.

26 Walentin I. Loboda nahm 1903 bis 1905 gemeinsam mit Malewitsch an Ausstellungen in Kursk teil.

27 Über diese Personen ist nichts bekannt.

28 Lew A. Kwatschewski, Kunstmaler, war ein freier Hörer der Petersburger Akademie der Künste. Er malte überwiegend Landschaften, die thematisch oft mit Lew N. Tolstoi verbunden sind. Ihn beeinflussten offensichtlich der späte Impressionismus und der Symbolismus. Arbeiten von ihm hängen im Museum von Kursk.

29 Wladimir W. Golikow studierte von 1888 bis 1894 an der Moskauer Lehranstalt für Malerei, Bildhauerei und Architektur. In den Jahren 1895-97 und 1902 nahm er dort an Ausstellungen von Schülern teil. Er lebte in Kursk und arbeitete später als Pädagoge.

30 Nachdem Malewitsch Kursk verlassen hatte, blieben beide Künstler in Briefkontakt. Über die Art

ihrer Beziehung gibt ein unveröffentlichter Brief von Kwatschewski aus dem Jahr 1913 Auskunft, in dem er den bereits bekannten Malewitsch zu einer Ausstellung nach Kursk einlädt: »Lieber Kasimir, ich empfinde zu Ihnen auch Zuneigung und Freundschaft, schreibe aber ›scharf‹, weil man bei ihnen mit ›zarter‹ Zeichnung und eben solchen Tönen nicht durchdringt. Wie viele Kritiken habe ich in Zeitungen, in dicken Zeitschriften, in illustrierten Wochenschriften gelesen: Sie alle teilen meine Bestimmung jener Strömung in der Malerei, zu der sie gehören; und es scheint, dass man in der allgemeinen Tonlage der negativen Einstellung zu ihnen nur die eigenen Stimmen der Selbstreklame und der Begeisterung von sich selbst hört (ich wage zu fragen, ob sie aufrichtig sind?). Sie können sich nicht für Burljuk begeistern, aber Burljuk für Sie. Ich kann es nicht glauben. Und zudem: In Paris gibt es nur Gauguin und Matisse, und in Moskau finden sich etwa 50 Bilder von Gauguin und ebenso viele von Matisse. Das alles sind mehr oder weniger erfolglose Nachahmer … so ist es, mein Lieber!«

31 Die »nicht von Menschenhand geschaffenen Tropfen« zitieren das nur auf die Ikone angewandte Adjektiv *nerukotvornyj* (nicht von Menschenhand gemacht). Die Ikone ist also auch im ironischen Kontext präsent.

32 Vergleiche dazu eine Aufzeichnung von Malewitsch aus dem Jahr 1924: »[…] [I]ch sehe in der Kunst nicht Arbeit, denn das Arbeitsleben ist kein Leben. Ich erinnere mich daran, dass ich den Sonnenaufgang deshalb nicht erwarten konnte, um

dreißig Werst zu gehen, um meinen Lieblingsplatz zu malen, ich fühlte weder Müdigkeit noch unwillkürlich Mühe, man musste mich weder mit einer Sirene wecken noch nach dem Sonnenuntergang ins Haus jagen. Und die ganze Natur erschien mir als eine einzige Schönheit, die Bäume im Walddickicht waren abgebrochen, die Baumstümpfe verrottet, Sümpfe, Bäche, Hügel, Hänge – sie alle waren in der Kunst schön.«

33 Wladimir A. Beklemischew war Bildhauer und Maler und leitete die Akademie der Wissenschaften seit 1900. Der Name seines Bruders ist nicht zu ermitteln. Doch stellten – laut Katalogen – zwischen 1890 und 1900 A. A. und S. A. Beklemischew gemeinsam aus.

34 Tatsächlich findet sich im *Kursker Sammelband* von 1901 der Hinweis auf eine Bilderausstellung im Jahr 1899. Das ist eine der ersten Erwähnungen von Ausstellungen in Kursk überhaupt.

35 Im Jahr 1905 wurde die »Ausstellung von Künstlern aus Moskau und anderen Städten« organisiert, an denen V. E. Borisow-Musatow, K. F. Juon und andere teilnahmen.

36 Der Komponist, Pädagoge und Dirigent Nikolai A. Roslawez war ein Repräsentant der russischen Musikavantgarde. Er wurde in dem Örtchen Duschatin im Gouvernement Tschernigow im Suraschsker Gebiet in einer Bauernfamilie geboren. Mit zwölf Jahren zog er nach Konotop um, wo er in kleinen Kanzleien diente und alle sich ihm bietenden Gelegenheiten nutzte, seine musikalische Ausbildung zu vervollkommnen, beginnend mit dem Unterricht bei dem jüdischen Hochzeitsgei-

ger von Konotop und endend mit den Kursker Musikklassen von A. M. Abasa. Malewitsch erinnert sich mit Roslawez in Konotop an einen in seinem Tun gleichwertigen Künstler, der Geige spielte und besser als er mit Tusche malte. Zum Glück sei dessen Familie wie die seine nach Kursk gezogen. Das Schicksal habe sie damals nicht getrennt. Die zweite Frau von Roslawez, M. B. Babenko, berichtet, dass ihr Mann damals Kunst studiert und viel gemalt habe, vor allem Landschaften, die er auch ausstellte. In Kursk arbeitete Roslawez in der Buchhaltung der Eisenbahn. Im Jahr 1901 wechselte er nach Moskau, wo er das Konservatorium im Jahr 1912 in den Klassen für Geige und Theorie der Komposition abschloss. Danach lebte er vor allem in Jalta. Die Bekanntschaft mit Malewitsch wurde in Moskau immer wieder erneuert, so 1908 und 1913. Seit 1917 wurde Roslawez politisch aktiv und trat der Partei der Sozialrevolutionäre bei, widmete sich aber nach 1921 wieder ganz der Kunst, bis er im Januar 1930 im Rahmen der Stalin'schen Säuberungen vorübergehend Arbeitsverbot erhielt. In den Jahren 1931 bis 1933 arbeitete er in Taschkent. Es ist nicht bekannt, ob sich Roslawez und Malewitsch in den 20er- und frühen 30er-Jahren getroffen haben. Seine zweite Frau berichtet, dass sie selten Gäste hatten, da Roslawez keine Gäste mochte. Aus Malewitschs Umgebung wird berichtet, dass er den Namen des Komponisten immer wieder, zudem mit Herzlichkeit, erwähnte.

37 Bestätigt wird dieses Datum durch Malewitschs schriftlich eingereichten Antrag auf Aufnahme in die Moskauer Kunstanstalt vom 12. Juli 1904.

38 Waleri N. Kurdjumow war Maler und Grafiker und studierte seit 1900 an der Moskauer Kunstanstalt. In den 1910er- und Anfang der 1920er-Jahre illustrierte er Kinderbücher, u. a. für den Verlag von I. D. Sytin. Das Haus der Kommune befand sich in der Nemezkaja uliza, Poslannikow pereulok, Haus 12. Malewitsch wohnte in der Wohnung Nummer 4. Das Haus ist heute nicht mehr erhalten.

39 Arbeiten aus den Jahren 1904 und 1905, die Malewitsch zweifelsfrei zugewiesen werden können, sind nicht erhalten. Jene impressionistischen Bilder, die der Künstler mit den Jahren 1903-1905 datierte, sind nach Meinung der Mehrheit der Forscher später geschaffen worden.

40 Gemeint ist hier das Schulstudio von F. I. Rerberg.

41 Die Bilder Botticellis konnte Malewitsch ab etwa 1912 in der Eremitage und im Museum der Schönen Künste sehen. Die Bilder von Cimabue kannte er offensichtlich von Reproduktionen. Im Schaffen Cimabues, dem Vorläufer und Lehrer Giottos, hat sich eine enge Verbindung zur byzantinischen Kunsttradition erhalten.

42 Malewitsch meint das Bild *Der Frühling ist ein blühender Garten,* das vom Künstler mit »1904« datiert ist. Die Tretjakow-Galerie kaufte das Bild bei Malewitsch 1929. Gemalt wurde es im Jahr 1928 bzw. Anfang 1929.

43 Die Peredwischniki (Wandermaler) bildeten eine Gruppe von vorwiegend realistisch orientierten Malern wie Ilja Repin, Iwan Kramskoi u. a., die zwischen 1873 und 1921 insgesamt 48 Ausstellungen in Städten des Russischen Zarenreiches bzw. der Sowjetunion durchgeführt haben.

44 W. E. Makowski und I. E. Repin unterrichteten nach der Reform von 1893 in der Petersburger Akademie der Künste.

45 Die neoprimitivistische Phase im Schaffen von Malewitsch wird gewöhnlich mit der Annäherung an Larionow in Verbindung gebracht, also mit den Jahren 1910 bis Anfang 1913. Es ist aber möglich, dass Malewitsch Arbeiten von 1907 bis 1909 im Auge hat, in denen er sich von akademischen Formen lossagt.

46 Malewitsch hat Bilder mit unterschiedlichen Themen aus den Jahren 1910 bis 1913 im Auge. Zur »Nachahmung der Ikonenmalerei« kann man die folgenden, nicht erhaltenen Bilder zählen: *Beerdigung eines Bauern* und die Studien dazu (1911), drei Varianten von *Ein Bauernkopf* (1912), aber auch das Bild *Der Schnitter* (Sensenmäher) von 1912, das dem Museum von Nischegorod gehört. Womöglich geht es aber auch um einen Bilderzyklus von 1907 mit dem Titel *Skizzen zur Freskenmalerei.*

47 Bekannt ist das Bild *Roggenernte* von 1912, die Zeichnungen *Schnitter* (1911-12) und das nicht erhaltene Bild *Schnitterin.*

48 Das Bild *Zimmermann* ist von 1912-13, *Gärtner* von 1911 und *Badender* ebenfalls von 1911.

49 Dazu gehören die Bilder *Fußbodenreiniger, Schwielen-Bader im Bad, Die Wäscherin* und *Argentinischer Tango.*

50 Iwan N. Bochan war Maler und Grafiker, studierte 1903 bis 1913 an der Moskauer Kunstschule, 1909 in der Werkstatt von W. A. Serow. Er malte Porträts, Landschaften und Stillleben in unterschiedlichen Stilen. In den Jahren 1906 bis 1909

folgte er dem Symbolismus, sodass man ihm die Nachahmung Michail A. Wrubels vorhielt. In einigen Ausstellungen der 1910er-Jahre war er neben Malewitsch vertreten.

51 Malewitsch beschreibt die Ereignisse des bewaffneten Dezemberaufstands in Moskau; zu besonders grausamen Barrikadenkämpfen kam es zwischen dem 10. und 15. Dezember 1905.

52 »Schwarze Hundert« oder »Schwarze Hundertschaften« sind rechtsextreme oder nationalistisch-monarchistische Organisationen im Zarenreich, die vor allem 1904 und 1906 für antisemitische Pogrome und Terror gegen Revolutionäre verantwortlich waren. Bei der erwähnten benachbarten Einrichtung handelt es sich um das Wohnheim der Imperialen Technischen Fachschullehranstalt namens N. E. Baumann. Die Lehranstalt befand sich in Nachbarschaft zum Gebäude des Schlosses von Lefortowo.

53 Zu ihm gibt es keinerlei Informationen.

54 Kirill I. Schutko war ein Berufsrevolutionär. Seit dem Jahr 1901 studierte er an der Technischen Lehranstalt, die 1905 zu einem Zentrum des revolutionären Geschehens in Moskau wurde. Der Student lebte damals nicht legal in Moskau und befasste sich mit Propaganda.

55 Zum Kampf mit den Aufständischen wurde in Moskau wegen einer angeblich zu geringen Anzahl von Polizisten und Soldaten eine besondere Miliz aus Freiwilligen gegründet, die »Vereinigung der Russen«, eine der ersten monarchisch-chauvinistischen Organisationen in der Hundertschaften-Bewegung.

56 Davon konnte Malewitsch aus einem Brief von A. A. Bulgakow aus dem Jahr 1926 erfahren. Gemälde und Zeichnungen von Kwatschewski aus den Jahren 1903 bis 1910 befanden sich in dieser Zeit im Kursker Regionalmuseum. Im Jahr 1935 wurden sie an die regionale Bildergalerie von Kursk übergeben.

57 Dieses Bild wird auch im Brief von Bulgakow erwähnt. L. Kwatschewski hat mehrere Arbeiten zu Jasnaja Poljana, dem Gut und langjährigen Wohnort von Lew N. Tolstoi, der Anfang des 20. Jahrhunderts eine äußerst wichtige Rolle in Russland spielte, gemalt.

58 Zweifellos lassen sich dieser Phase die Bilder *Porträt einer Verwandten* und die Landschaft *Rote Dächer* zuordnen. Letzteres Bild, das sich in einer Privatsammlung befindet, weist eine Datierung des Malers mit dem Jahr 1906 auf.

59 Malewitsch führt Gemälde wie Rembrandts *Die Rückkehr des verlorenen Sohnes* an, die sich in Petersburg im Russischen Museum und in der Eremitage befinden. Wann er Petersburg zum ersten Mal besuchte, ist nicht bekannt. In seiner Jugend konnte er diese Bilder von Reproduktionen kennen.

60 Malewitsch interessierte sich für das Werk von Nikolai N. Ge. In seinem Beitrag »Ästhetik« (1929) analysiert er auch dessen letzte Arbeit: »Ge, der das Thema *Letztes Abendmahl* gewählt hat, hat es auf der Ebene einer nicht religiösen Thematik ausgeführt, nämlich so, dass er ausschließlich Lichtaufgaben löste. Deshalb ist der hauptsächliche Inhalt dieses Themas das Licht und nicht die Reli-

gion.« Chardschiew erinnert sich: »Bei einem Besuch des russischen Museums lenkte Malewitsch meine Aufmerksamkeit auf das *Letzte Abendmahl* von Ge, auf die Qualität seiner Farbtonnuancen und sagte, dass nur ein großer Künstler eine solche Komposition schaffen konnte.« Von der *Kreuzigung* gibt es zwei Varianten, eine von 1892 und eine von 1894. Diese konnte Malewitsch nicht im Original gesehen haben, sondern wahrscheinlich als Reproduktion. Möglich ist auch, dass er *Kreuzigung* das Gemälde *Golgatha* nennt, das er in Moskau kennenlernen konnte. Dort hat er vielleicht auch von Ges Schüler A. A. Kurennyj von dessen Arbeitsmethode gehört. Dazu führt dieser aus: »Nikolai Nikolajewitsch malte die *Kreuzigung* so, wie er es mich lehrte: ohne Kontur, ohne Modell aus der Natur und ohne Skizze … Malt so, sagte er, wie Giotto und Cimabue gemalt haben, ohne Modell, dann begreift ihr allein das Wesentliche und ihr werdet ein Bild haben.«

61 Der Organisator der Ausstellung »Karo-Bube«, der Maler A. Lentulow, erläuterte die Namen »Karo-Bube« etwas anders: »In der Sprache der Weissagungen bedeutet Karo-Bube Jugend und heißes Blut.« Der Dichter Maximilian Woloschin kommentiert die Ausstellung so: »[…] [D]ie Farbe Karo bedeutet *Leidenschaft*, und Bube – *junger Mensch*.«

62 Malewitsch stellt hier der Kategorie der Farbe die Kategorie des Lichts (im Impressionismus) gegenüber, auch im System der tonalen Malerei, der die hauptsächliche Masse der Werke russischer Kunst um 1900, vom späten Realismus bis zur

»Blauen Rose«, angehört. Die lebendige Farbigkeit der Exponate der Ausstellung »Karo-Bube« hatte auf das Publikum eine außergewöhnliche Wirkung.

63 Malewitsch ist in seinen Formulierungen nicht ganz präzise. Im vorhergehenden Absatz meint er mit einer »Cézanne'schen Haltung zur Welt« eine partielle Gemeinsamkeit der Künstler, die an der Ausstellung »Karo-Bube« teilnehmen, denn sie alle sind – ähnlich wie Cézanne – »Maler« und nicht »Maler des Lichts«. Wenn er die Gruppe der Maler durch eine »Cézanne'sche Haltung zur Welt« charakterisiert, also die künftigen Gründer der Gesellschaft des »Karo-Buben«, dann unterstreicht er den unmittelbaren Einfluss der »malerischen Philosophie Cézannes« auf Charakter und Richtung ihres Schaffens.

64 Zum ersten Mal bewertet Malewitsch hier objektiv die Rolle des Larionow-Kreises und den Einfluss des Neoprimitivismus auf seine Entwicklung. In früheren Jahren hatte er hingegen eine direkte Linie von Cézanne zum Kubismus und zum Futurismus konstruiert, zumal er bestrebt war, die europäischen Quellen des Suprematismus aufzuzeigen.

65 Die östliche bzw. nationale Ausrichtung des Kreises um Larionow bestand in erster Linie in der Ablehnung eurozentrischer Auffassungen von Kunst. Malewitsch teilte diese Auffassungen bis zum Bruch mit Larionow im Februar 1914. Im Gespräch mit dem Schriftsteller Daniil Charms im Jahr 1931 charakterisiert er den Einfluss des Ostens, auch im Sinne von orientalisch-asiatischem

Osten, so: »Dieser Einfluss war stark. Aber er riss irgendwie ab. Der Westen trug den Sieg davon.«

66 K. Roschdestwenski wiederholt diese Ideen Malewitschs. Er unterscheidet »zwei Linien« in »Karo-Bube«: eine »westliche« mit Kontschalowski, Osmerkin und Falk, sowie eine »russische« mit Larionow, Gontscharowa, Malewitsch und Tatlin. Erstere habe keinen Bestand gehabt, die zweite sei hingegen erfolgreich gewesen. Sie haben die Tradition propagiert, also Ladenschilder, Ikonen u. ä.

67 Wiktor S. Bart, Maler und Grafiker, studierte 1906 bis 1911 an der Moskauer Kunstschule, dann bis 1912 in Petersburg. Er nahm an Ausstellungen des »Karo-Buben« (1910-1911) u. a. teil. Er schrieb auch Artikel über die Theorie der Malerei. In den Jahren 1919 bis 1936 lebte er in Paris.

68 Ende Dezember 1911 und Anfang Januar 1912 erschien in der Zeitung *Russkoe slowo* (Russisches Wort) ein nicht unterzeichneter Artikel. »Der Sekretär der Ausstellung ›Eselsschwanz‹ Malewitsch bittet uns, Erläuterungen zu veröffentlichen, warum Larionow und Gontscharowa aus der Ausstellung des ›Karo-Buben‹ ausgeschlossen wurden.« Es hieß in dem Artikel, sie neigten zur Anekdote, zum Witz, zum Kuriosum und zum Literarischen in der Malerei und würden die »reine Malerei« in den Hintergrund rücken. »Karo-Bube« vereinige aber laut Malewitsch – gerade umgekehrt – Künstler, die »rein malerische Aufgaben« kultivierten. Für Malewitsch sei eine solche Erklärung in höchstem Grade seltsam, da diese ausgeschlossenen Künstler ein Jahr zuvor den Kern der Ausstellung »Karo-Bube« gebildet hätten.

69 In Wirklichkeit stellte Malewitsch 24 Arbeiten aus, Gontscharowa 52, Larionow 42, Tatlin 26 und Morgunow 20. Das bäuerliche Thema herrschte in der Ausstellung nicht vor. Es kam nur in den Bildern von Gontscharowa und Malewitsch vor.

70 Die Darlegung dieses Programms kann man in der Broschüre »Natalia Gontscharowa, Michail Larionow« (Moskau 1913) von Eli Eganbjuri (auch: I. Sdanewitsch, genannt Iliazd) finden: Nach der Reform Peters des Großen »hat sich Russland gespalten: in die Stadt und das Dorf. Die Städte [...] lebten neuen Interessen, die aus Europa gebracht wurden, das Dorf aber, trotz alledem, blieb sich selbst treu, seinen Ideen und Geschmäckern der nationalen Kunst vor Peter dem Großen. Zugegeben, die Stadt ist Zentrum der äußeren Zivilisation und der geistigen Kräfte des Landes; wenn man aber von der Kultur als eigenständigem geistigen Reichtum spricht, dann findet sie sich eher auf dem Dorf; der Beweis dafür ist, dass die Dorfkunst höher stand als jene der Stadt und schon zwei Jahrhunderte lang steht.«

71 Hier erkennt Malewitsch erstmals die Bedeutungshaftigkeit einer sujethaften Thematik für sein Schaffen an.

72 Diese Behauptung hängt mit der Umdatierung seiner Arbeiten zusammen, die Malewitsch schon im Jahr 1917 vorgenommen hat.

73 In den Arbeiten von Malewitsch aus dieser Zeit sind beide Linien eng verflochten: Die neoprimitivistischen Gouachen des Jahres 1911 zeigen den Einfluss des Cézannismus; Einflüsse des Kubismus tauchen im ersten bäuerlichen Zyklus

aus den Jahren 1912-13 auf. Als reinstes Muster der zweiten Linie muss man das Bild *Dorf* (etwa 1911; Kunstmuseum Basel) nennen.

74 David Burljuk schreibt dazu: »Wir sind in der Schule ›der russischen Rationalisten‹ Pisarews, Tschernyschewskis, Dobroljubows erzogen. Diese Ur-Quelle ist in uns so stark, dass die Arbeiten, die von Wladimir Solowjow, Strachow, Potebnja, Weselowski, der Gruppe ›Welt der Kunst‹ und der ›Waage‹ – an der Spitze mit Andrei Bely – kamen, nur als dünne Schale figurieren, unter der die Jugenderinnerungen ziemlich deutlich und unerschütterlich hindurchscheinen.«

75 Auf diese Zeit bezieht sich eine Aussage David Burljuks: »Wenn man die Politik ernst nimmt, dann ist in ihr Dilettantismus in meinen Augen unzulässig. [...] Der Dichter muss sich, so wie jeder in seiner Sache, ganz und gar spezialisieren [...]. Ein Dichter, der sich dilettantisch mit Politik befasst, ist schädlich, für die Politik ebenso wie für sich als Schöpfer, weil das insgesamt dabei stört, sich ganz und gar in die Aufgaben der Kunst zu vertiefen ...«

76 Erstmals wurde dieser in der Gruppe von M. Larionow ausgearbeitete Zugang zur Malerei in einem Vortrag von S. P. Bobrow öffentlich propagiert. Er hielt ihn unter dem Titel »Grundlagen der neuen russischen Malerei« im Dezember 1911 in St. Petersburg. Bobrow schlug vor, die neue Strömung »Purismus« zu nennen. Als deren Begründer nannte er P. Cézanne und P. Gauguin. In der russischen Avantgarde verbreitete sich dieser Begriff aber nicht.

77 Fragen der Ausmalung von Kirchen wurden vor allem im Zusammenhang mit N. Gontscharowa in dieser Zeit erörtert. Sergei Bobrow äußert sich im Umfeld des Vortrags »Über die zeitgenössische russische Ikonenmalerei« von W. T. Georgiewski folgendermaßen: »Eine der Künstlerinnen, Vera [sic!] Gontscharowa, wollte eine Kirche fast kostenlos ausmalen, – man ließ sie nicht. Es gibt einen bestimmten Kanon, und nach Wasnezow ist eine andere Strömung nicht möglich. Die religiöse Malerei existiert, und derzeit interessieren sich viele für sie; die zeitgenössischen Neuerer, die man Dekadente nennt, arbeiten auf diesem Gebiet. Als einer der französischen Künstler, Henri Matisse, nach Russland reiste, lenkte er die Aufmerksamkeit vor allem auf unsere alte Ikonenmalkunst. Von Gontscharowa gibt es zwar viele Werke, aber ihrem Wunsch, Kirchen auszumalen, kommt man nicht nach. Versuchen sie es, besorgen sie eine Kirche und wir malen sie kostenlos aus.« Zwar ist die Information nicht gesichert, aber Malewitsch scheint im Jahr 1909 an der Ausmalung der Kirche von Mstera beteiligt gewesen zu sein.

78 Im »Manifest der Fliegenden Föderation der Futuristen« erklären D. Burljuk, Kamenski und Majakowski in der Nr.1 der *Zeitung der Futuristen* im Jahre 1918 Folgendes: »Wir verlangen anzuerkennen: Die Trennung der Kunst vom Staat. Die Beseitigung von Schirmherrschaft, von Privilegien und Kontrolle auf dem Gebiet der Kunst. Weg mit den Diplomen, Titeln, offiziellen Posten und Rängen.«

79 Die beiden zuletzt genannten Bezeichnungen von Bildern kommen in den Ausstellungskatalogen

dieser Zeit nicht vor. Eine Skizze von Morgunows Bild mit dem Titel *Schaljapin geht in die Sauna* befand sich in der Sammlung von Nikolai Chardschijew.

80 Gemeint sind hier die *Eisenbetonpoeme* von Wasili Kamenski. Elf von seinen *Eisenbetonpoemen* wurden bei der Ausstellung »Nr. 4. Futuristen, Lutschisten, Primitive« im Jahr 1914 in Moskau ausgestellt.

81 Hier geht es nicht um ein konkretes Werk von Wladimir Majakowski, sondern um ein Hauptthema seiner Gedichte. In der Vorstellung von Malewitsch konnten Liebesgefühle nicht den Gegenstand der neuesten Kunst bilden.

82 Das ist ein verfälschendes und verkürztes Zitat aus F. T. Marinettis Buch *Manifeste des italienischen Futurismus* (Moskau 1914): »Wir werden die Brücken […] besingen, die ähnlich gewaltigen Sprüngen über den teuflischen Stahl der Sonnenflüsse geschlagen sind…«. In der Sammlung von Chardschijew befindet sich das von Malewitsch mit der Hand abgeschriebene Fragment dieses Textes. Im Jahr 1929 zitiert er dieses Manifest in seinem Artikel »Kubofuturismus«.

83 Malewitsch polemisiert hier mit der grundlegenden Doktrin der marxistischen Ästhetik, darunter auch der sogenannten Widerspiegelungstheorie von Lenin. Danach sei die Entwicklung der Kunst von sozialen Prozessen abhängig.

84 Im Jahr 1933 unterstreicht Malewitsch die Unveränderlichkeit seines philosophischen Credos, das er in dem Aufsatz »Die Welt als Ungegenständlichkeit« formuliert hat.

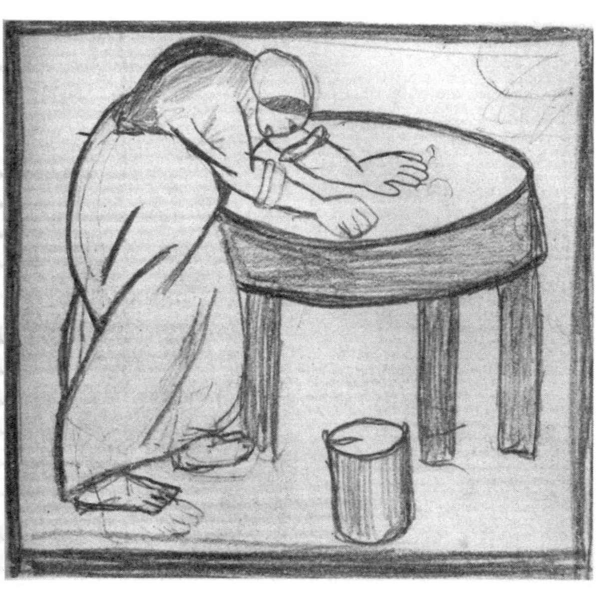

Bildnachweis:

S. 6 Bauern. Bleistift, 27,9 x 20,6 cm, 1932.
S. 22 Schnitter, der seine Sense schleift. Bleistift, 16,5 x 17,6 cm, 1910.
S. 70 Schnitterinnen. Bleistift, 14 x 8,5 cm, 1910/11.
S. 95 Der Mystiker. Bleistift, 25 x 27 cm, 1930.
S. 116 In der Kirche. Bleistift, 14 x 15 cm, 1911.
S. 135 Wäscherin. Bleistift, 9 x 10 cm, 1910/11.

Aus: *Kasimir Malewitsch: Zum 100. Geburtstag*. Ausstellung Juni-Juli 1978. Galeric gmurzynska. Köln 1978.

Erste Auflage Berlin 2020

MSB Matthes & Seitz Berlin
Verlagsgesellschaft mbH
Göhrener Str. 7 | 10437 Berlin
info@matthes-seitz-berlin.de

Satz: Monika Grucza-Nápoles, Berlin
Druck und Bindung: Art Druk, Szczecin
Umschlaggestaltung nach einer Idee von
Pierre Faucheux

ISBN 978-3-95757-868-6
www.matthes-seitz-berlin.de